VAD ÄR DIGITAL MARKNADSFÖRIN G 2024?

Uppfinn din marknadsföringsstrategi på nytt med de senaste trenderna och teknologierna

VAD ÄR DIGITAL MARKNADSFÖRIN G 2024?

Uppfinn din marknadsföringsstrategi på nytt med de senaste trenderna och teknologierna

Vincent Lefebvre

Ron Goldsmith
EDITIONS

Till min son Auguste

CONTENTS

Title Page

Title Page

Copyright

Dedication

Förord   1

Introduktion   3

Kapitel 1: Grunderna för digital 9
marknadsföring

Kapitel 2: Innehållsstrategier   35

Kapitel 3: Ny teknik och digital 63
marknadsföring

Kapitel 4: Analys och datavetenskap   91

Slutsats   118

bilagor   125

Tack   256

FÖRORD

Av Jean Darmanin, expert på digital marknadsföring och teknisk innovation

I en värld där förändring är den enda konstanta, fortsätter digital marknadsföring att utvecklas i en svindlande takt, formad av tekniska framsteg och samhälleliga förändringar. Som expert inom detta dynamiska område har jag haft förmånen att bevittna och delta i denna utveckling, observera hur de omdefinierar hur varumärken interagerar med sin publik.

Boken du håller i dina händer är en djupgående och insiktsfull utforskning av detta ständigt föränderliga landskap. Vincent Lefebvre, med enastående expertis och framsynthet, guidar oss genom de viktigaste digitala marknadsföringstrenderna 2024, och avslöjar de strategier, verktyg och tekniker som formar denna industris framtid.

Från prediktiv analys till artificiell intelligens, augmented reality och blockchain, den här boken beskriver inte bara teknologierna; den utforskar deras praktiska inverkan på marknadsföring och hur de kan användas för att skapa rikare, mer personliga kundupplevelser. Vincent Lefebvre ger oss inte bara en vision om hur digital marknadsföring kommer att se ut inom en snar framtid, utan också praktiska råd och fallstudier för att illustrera hur dessa koncept kommer till liv i den verkliga världen.

Den här boken är viktig läsning för marknadsförare, entreprenörer, studenter och alla som är intresserade av den fascinerande skärningspunkten mellan teknik och marknadsföring. Som läsare kommer du att vara rustad att inte bara förstå nuvarande trender, utan också att förutse framtida förändringar, vilket placerar dig i framkanten av innovation inom digital marknadsföring.

Förbered dig på att dyka in i en resa genom det digitala marknadsföringslandskapet som utvecklas, där innovation, kreativitet och strategi möts för att forma framtiden för hur vi ansluter, kommunicerar och konverterar i den digitala världen.

INTRODUKTION

"Den största risken är att inte ta några risker."
Mark Zuckerberg

1.1. Definition och omfattning

Föreställ dig en värld där varje interaktion, varje klick, varje delning på Internet formar en berättelse, en berättelse som talar om dig, om mig, om oss alla. Det är här digital marknadsföring kommer till liv. Men vad är egentligen digital marknadsföring 2024? Det handlar inte bara om annonser eller inlägg på sociala medier. Det är en komplex väv, vävd med finess, kopplande teknologier, strategier och mänskliga berättelser.

Digital marknadsföring, i sin essens, är detta pågående samtal mellan varumärken och konsumenter, som underlättas genom en myriad av digitala kanaler. Den omfattar allt från SEO, som hjälper människor att hitta svaren på sina frågor på Google, till Facebook-annonser som verkar känna till dina behov innan du ens gör det.

År 2024 har denna definition utökats och omfattar avancerad teknik som artificiell intelligens, förstärkt verklighet och mer.

Men varför är det viktigt för dig? För oavsett om du är entreprenör, student, konstnär eller helt enkelt nyfiken på digital teknik, är förståelsen av digital marknadsföring som att hålla nyckeln till ett enormt och ständigt utvecklas kungarike. Det handlar om att förstå hur budskap riktas, hur varumärken ansluter till sin publik och hur, i slutändan, dessa interaktioner formar vårt samhälle.

I denna resa genom digital marknadsföring 2024 kommer du att upptäcka inte bara dess komponenter, utan också dess inverkan och omfattning. Du kommer att se hur det påverkar köpbeslut, formar åsikter och bygger gemenskaper. Och viktigast av allt, du kommer att lära dig hur det kan användas etiskt och effektivt för att skapa en bättre, mer uppkopplad och mer medveten värld.

Så ge dig ut på detta äventyr. Upptäck hur digital marknadsföring har utvecklats, hur den fungerar nu och framför allt hur den kommer att forma vår framtid.

1.2. Historisk utveckling

För att fullt ut kunna uppskatta det digitala marknadsföringslandskapet 2024 är det viktigt att ta en tillbakablick för att förstå var vi kom ifrån. Digital marknadsföring, som vi känner den idag, är resultatet av en fascinerande utveckling, en dans mellan teknik och mänskliga behov, mellan innovation och kreativitet.

Låt oss gå tillbaka till 1990-talet, den digitala tidsålderns gryning. Det var den tiden då Internet tog sina första steg in i hemmen. Webbplatserna var enkla, ofta bara text på en vanlig bakgrund. Digital marknadsföring på den tiden var rudimentär – tänk på bannerannonser, de första marknadsföringsmejlen. Det var nytt, spännande, men ändå väldigt grundläggande.

Sedan kom det nya millenniet och med det en revolution. Sökmotorer som Google har börjat forma webben. SEO föddes och förändrade hur innehåll hittas och konsumeras. Företag började förstå vikten av att vara synliga online och digital marknadsföring fick en ny dimension.

2010-talet markerade den snabba ökningen av sociala nätverk. Facebook, Twitter, Instagram och senare TikTok har omdefinierat kommunikation. Digital marknadsföring har blivit mer personlig, mer direkt. Varumärken talade inte längre "till" sin publik, utan "med" dem. Det var en tid präglad av engagemang, innehållsskapande, berättande.

Och nu, 2024, är vi i en ålder av hyperpersonalisering och teknisk integration. Artificiell intelligens och datavetenskap har förvandlat digital marknadsföring till en skräddarsydd upplevelse. Varje onlineinteraktion analyseras, varje data används för att skapa mer relevanta och effektivare kampanjer. Augmented reality och virtuell verklighet har öppnat nya gränser och möjliggör uppslukande och interaktiva upplevelser.

Denna utveckling är inte bara teknisk. Det speglar en förändring i vårt sätt att kommunicera, konsumera och leva. Digital marknadsföring 2024 är inte bara en uppsättning verktyg och tekniker. Det är en spegel av vårt samhälle, av våra värderingar, av våra ambitioner.

Genom att förstå den här historien kommer du aldrig att se en enkel onlineannons på samma sätt igen. Du kommer att se ett kapitel av en ständigt föränderlig berättelse, en berättelse där du är både åskådare och skådespelare.

1.3. Betydelse i den moderna världen

I den snabba världen 2024 är digital marknadsföring inte bara en aspekt av handel eller kommunikation, den är en central pelare i vårt moderna samhälle. Dess betydelse överskrider enkel reklam eller produktreklam. Det formar vår kultur, påverkar våra val och är en viktig drivkraft för innovation och ekonomisk tillväxt.

Låt oss först överväga effekten av digital marknadsföring på ekonomin. Företag, från nystartade företag till multinationella företag, är beroende av digital marknadsföring för att nå sina kunder. I en värld där majoriteten av konsumenterna spenderar en stor del av sin tid online är det inte en lyx att vara synlig på webben utan en nödvändighet. Digital marknadsföring gör att företag kan få kontakt med sin publik på ett riktat och mätbart sätt, vilket ofta ger en mycket högre avkastning på investeringen än traditionella metoder.

Men vikten av digital marknadsföring går långt utöver omsättningen. Det spelar en avgörande roll i konstruktionen och spridningen av idéer och värderingar. Onlinekampanjer har till exempel kraften att mobilisera miljontals människor kring sociala och miljömässiga orsaker. Sociala nätverk, bloggar, videor – alla dessa verktyg låter oss dela berättelser, väcka debatt, skapa gemenskaper. Digital marknadsföring har blivit en vektor för social förändring.

Dessutom är digital marknadsföring en grogrund för innovation. Framsteg inom artificiell intelligens, dataanalys, förstärkt och virtuell verklighet – alla hittar praktiska och kraftfulla tillämpningar inom digital marknadsföring. Dessa tekniker gör inte bara marknadsföringen mer effektiv; de förändrar hur vi interagerar med den digitala världen och berikar vår onlineupplevelse på ett sätt som var ofattbart för några år sedan.

Slutligen är digital marknadsföring väsentlig för utbildning och information. I en värld där information finns i överflöd hjälper digital marknadsföring till att filtrera, organisera och presentera denna information på ett tillgängligt sätt. Digital marknadsföring är ett kraftfullt verktyg för att dela kunskap och uppmuntra livslångt lärande, oavsett om det är genom videohandledningar, utbildningsbloggar eller interaktiva webbseminarier.

Kort sagt är digital marknadsföring 2024 mycket mer än en serie affärsstrategier. Det är en integrerad del av vårt dagliga liv, och påverkar hur vi tänker, interagerar och utvecklas som samhälle. Att förstå dess betydelse är att förstå en avgörande aspekt av vår tid.

KAPITEL 1: GRUNDERNA FÖR DIGITAL MARKNADSFÖRI NG

"Det bästa sättet att förutsäga framtiden är att skapa den."
Peter Drucker

1.1 SEO: Sökmotoroptimering

1.1.1 Grunderna i SEO

Sökmotoroptimering, eller SEO, är en subtil konst, en vetenskap som ständigt utvecklas. Kärnan i denna disciplin är ett enkelt men kraftfullt mål: att förbättra synligheten och relevansen för en webbplats i sökresultaten. Men exakt hur kommer vi dit 2024? Låt oss börja med grunderna.

SEO bygger på tre grundläggande pelare: teknik, innehåll och auktoritet. Den tekniska delen handlar om optimering av webbplatsens struktur. Detta inkluderar sidladdningshastighet, mobilvänlighet och tydlig webbplatsarkitektur. En välstrukturerad webbplats är som ett välorganiserat bibliotek, där varje bok är lätt att hitta.

Därefter innehållet. Det handlar inte bara om kvantitet, utan kvalitet och relevans. Sökmotorer, med sina sofistikerade algoritmer, försöker förstå innehållet på en webbplats som en människa skulle göra. De analyserar orden, sammanhanget, färskheten i innehållet. Bra innehåll svarar inte bara på användarnas frågor utan ger dem också en berikande upplevelse.

Till sist auktoritet. Detta beror ofta på länkar från andra webbplatser. Se dessa länkar som rekommendationer. Ju mer en webbplats rekommenderas av betrodda källor, desto mer anses den vara en auktoritet inom sitt område. Men år 2024 har länkkvalitet företräde framför kvantitet. En länk från en ansedd webbplats är värd mycket mer än hundratals länkar av låg kvalitet.

Men SEO slutar inte där. Det är en disciplin i ständig utveckling, formad av förändringar i användarbeteenden och uppdateringar av sökmotorernas algoritmer. Idag spelar saker som användarupplevelse (UX), sökavsikt och till och med artificiell intelligens en avgörande roll i en webbplatss SEO.

Genom att förstå dessa grundläggande principer har du tagit det första steget mot att bemästra SEO. Det är en fascinerande resa, där varje liten förbättring kan leda till betydande resultat. I de följande avsnitten kommer vi att utforska var och en av dessa pelare i detalj, vilket ger dig den kunskap och de verktyg som behövs för att utmärka sig i SEOs dynamiska värld.

1.1.2 Teknisk och on-page SEO

Teknisk och on-page SEO är grunden på vilken hela byggnaden av naturliga referenser vilar. År 2024 har dessa aspekter av SEO ökat i komplexitet, men att förstå dem är fortfarande viktigt för alla som vill framgångsrikt navigera i världen av digital marknadsföring.

Teknisk SEO fokuserar på att optimera strukturen på webbplatsen. Det börjar med sidladdningshastighet. I en värld där varje sekund räknas är en snabb sajt en sajt som behåller sina besökare. Sökmotorer gynnar webbplatser som laddas snabbt, vilket ger en bättre användarupplevelse. Detta innebär att optimera bilder, använda cachning och ibland förminska JavaScript-kod.

Sedan är det mobilvänlighet. Med utbredningen av smartphones är en webbplats som inte är optimerad för mobila enheter en webbplats som går miste om en betydande del av sin publik. Responsiv design är inte ett alternativ, det är en nödvändighet. Sökmotorer, särskilt Google, föredrar mobilanpassade webbplatser i sina rankningar.

Platsarkitekturen spelar också en avgörande roll. En tydlig och logisk struktur hjälper inte bara användare att navigera på webbplatsen, utan tillåter också sökmotorer att bättre förstå och indexera innehållet. Detta inkluderar att använda lämpliga HTML-taggar, skapa en XML-webbplatskarta och upprätta en konsekvent URL-struktur.

Låt oss nu gå vidare till SEO på sidan. Här ligger fokus på att optimera innehållet på varje sida. Det börjar med titeltaggar och metabeskrivningar. Även om dessa element ofta förbises, är de väsentliga. De fungerar som ett skyltfönster för varje sida, vilket ger användare och sökmotorer en snabb överblick över sidans innehåll.

Innehållet i sig ska vara av hög kvalitet, relevant och ge värde till läsarna. 2024 har sökmotorer blivit otroligt bra på att utvärdera innehållskvalitet. De letar efter original, välskriven information som direkt svarar på användarnas sökintentioner. Användningen av sökord är fortfarande viktig, men den måste vara naturlig och kontextuell.

Slutligen är bildoptimering en annan viktig aspekt av on-page SEO. Bilder ska vara av hög kvalitet, men också optimerade för webben. Detta innebär minskade filstorlekar utan att offra tydlighet, och användningen av alt-taggar för att beskriva bildinnehåll, vilket är avgörande för SEO och tillgänglighet.

Genom att behärska teknisk och on-page SEO lägger du den solida grunden som krävs för en framgångsrik webbplats. Det är en investering som lönar sig, inte bara när det gäller sökmotorranking, utan också för att ge en fantastisk användarupplevelse.

1.1.3 Off-Page SEO och bakåtlänkar

Off-page SEO och bakåtlänkar är de externa pelarna för SEO, och spelar en avgörande roll för hur en webbplats uppfattas och utvärderas av sökmotorer. Under 2024 har dessa aspekter av SEO utvecklats, men deras grundläggande betydelse förblir oförändrad. De representerar ryktet och trovärdigheten för en webbplats i Internets stora universum.

Off-page SEO fokuserar främst på bakåtlänkar, som är inkommande länkar till din webbplats från andra domäner. Dessa länkar är som röster om förtroende i sökmotorernas ögon. Ju fler kvalitetslänkar en webbplats får från välrenommerade webbplatser, desto mer anses den vara en pålitlig och auktoritativ källa. Men nyckeln ligger i kvalitet, inte kvantitet. En enda länk från en webbplats med hög auktoritet kan vara mycket mer värdefull än dussintals länkar från webbplatser av lägre kvalitet.

Under 2024 har sättet som dessa bakåtlänkar erhålls också utvecklats. Konstgjorda eller manipulativa metoder för att bygga länkar är inte bara ineffektiva, utan kan också skada webbplatsens rykte. Effektiva SEO-strategier utanför sidan involverar ofta att skapa kvalitetsinnehåll som naturligt lockar bakåtlänkar, att delta i onlinecommunities och att samarbeta med andra webbplatser och påverkare i din nisch.

En annan viktig aspekt av off-page SEO är närvaron på sociala nätverk. Även om länkar från dessa plattformar vanligtvis inte betraktas som bakåtlänkar i traditionell mening, spelar de en viktig roll för att bygga varumärkesmedvetenhet och auktoritet. En aktiv och engagerande närvaro på sociala medier kan inte bara locka trafik till din webbplats, utan också uppmuntra delningar och omnämnanden, vilket är positiva signaler för sökmotorer.

Dessutom har varumärkesomnämnanden, även utan en länk, blivit en viktig faktor i off-page SEO. Sökmotorer, tack vare sofistikerade algoritmer, kan känna igen och utvärdera dessa omnämnanden. De bidrar till en webbplatss övergripande auktoritet, även om de inte åtföljs av en hyperlänk.

Slutligen är det viktigt att övervaka och hantera rykte online. Recensioner och kommentarer på tredje parts webbplatser, forum och recensionsplattformar kan påverka uppfattningen av ditt varumärke och, i förlängningen, din SEO-prestanda. Proaktiv online ryktehantering, inklusive att svara på recensioner och delta i relevanta diskussioner, är en viktig del av off-page SEO.

Sammanfattningsvis handlar off-page SEO och bakåtlänkar 2024 inte bara om att ackumulera länkar, utan om att bygga en solid och respekterad onlinenärvaro. Detta involverar en holistisk strategi som omfattar skapande av kvalitetsinnehåll, engagemang i sociala medier, hantering av rykte online och att bygga autentiska relationer över det digitala ekosystemet.

1.1.4 Lokal och mobil SEO

I den enorma SEO-världen framträder två aspekter särskilt under 2024: lokal SEO och mobil SEO. Dessa två aspekter av naturlig referens möter specifika behov och speglar aktuella trender inom konsumtion och internetanvändning.

Lokal SEO har blivit avgörande för företag och varumärken som verkar lokalt eller har fysiska försäljningsställen. Det är konsten att optimera din onlinenärvaro för att locka kunder från ditt område eller din stad. I en värld där "nära mig" eller "nära mig"-sökningar är vanliga, är det avgörande att ranka bra i lokala sökresultat. Det handlar om att optimera dina uppgifter i Google My Business, samla in lokala recensioner och använda platsbaserade sökord i ditt innehåll. Bra lokal SEO hjälper ditt företag att sticka ut i det lokala samhället, locka fler kunder till din butik eller generera telefonsamtal.

Å andra sidan tar mobil SEO hänsyn till användarupplevelsen på mobila enheter. Med den stadiga ökningen av användningen av smartphones för att komma åt Internet har sökmotorer, särskilt Google, börjat gynna mobiloptimerade webbplatser. Det betyder att din sida inte bara ska vara responsiv, anpassa sig till olika skärmstorlekar, utan även ge en smidig och snabb användarupplevelse på mobilen. Mobiloptimering inkluderar saker som snabba laddningstider, lättklickbara knappar och länkar och en design som gör det enkelt att navigera på en liten skärm. År 2024 riskerar en sida som inte är mobiloptimerad att förlora en betydande del av sin trafik och synlighet.

Lokal och mobil SEO är nära besläktade eftersom många lokala sökningar utförs på mobila enheter. Användare söker efter information på språng, ofta med avsikt att vidta omedelbara åtgärder, oavsett om de ska hitta en restaurang, butik eller tjänst. Således måste en effektiv SEO-strategi 2024 integrera dessa två aspekter för att möta behoven hos lokala och mobila användare.

Sammanfattningsvis är lokal och mobil SEO viktiga komponenter i en övergripande SEO-strategi 2024. De adresserar specifika sökbeteenden och är avgörande för företag som vill attrahera en lokal kundbas och ge en optimal användarupplevelse på mobila enheter. Genom att integrera dem i din SEO-strategi säkerställer du att du inte missar värdefulla möjligheter i en allt mer mobil och lokaliserad värld.

1.2 Onlineannonsering

1.2.1. Översikt över annonsplattformar

Inom det dynamiska fältet onlineannonsering år 2024 är panoramabilden av reklamplattformar lika mångskiftande som innovativ. Dessa plattformar erbjuder ett brett utbud av alternativ för att rikta in sig på, engagera och konvertera olika målgrupper, var och en med sina egna särdrag och fördelar.

Traditionella jättar som Google och Facebook fortsätter att dominera marknaden och erbjuder sofistikerade inriktningsmöjligheter baserade på demografi, intressen och köpbeteenden. Google, med sitt söknätverk och visningsplattform, tillåter annonsörer att placera sig exakt där användarna aktivt söker information. Facebook, å andra sidan, utmärker sig på att skapa mycket personliga kampanjer tack vare sin djupa kunskap om sina användares preferenser och vanor.

Samtidigt lockar plattformar som Instagram, Snapchat och TikTok en yngre och mer engagerad publik. Dessa sociala nätverk, fokuserade på bilder och video, erbjuder unika möjligheter för kreativa och uppslukande kampanjer. TikTok, i synnerhet, har revolutionerat onlineannonsering med sina korta och fängslande format, och blivit en privilegierad lekplats för varumärken som riktar sig till en ung och trendig publik.

LinkedIn fortsätter att vara den bästa plattformen för B2B-marknadsföring, och ger direkt tillgång till nyckelproffs och beslutsfattare inom olika branscher. Dess förmåga att rikta in sig utifrån specifika professionella kriterier, såsom bransch, företagsstorlek eller position, gör den till ett ovärderligt verktyg för B2B-kampanjer.

Dessutom har framväxten av programmatisk reklam förändrat sättet att köpa och sälja reklamutrymmen. Tack vare automatisering och artificiell intelligens kan annonsörer nu köpa annonsutrymme i realtid, rikta in sig på specifika målgrupper på en mängd webbplatser och appar, maximera effektiviteten och avkastningen på investeringen i sina kampanjer.

Slutligen är det viktigt att notera uppkomsten av streamingplattformar som Spotify och Netflix, som har öppnat nya vägar för ljud- och videoreklam. Dessa plattformar erbjuder unika reklamupplevelser, ofta sömlöst integrerade i innehåll, vilket kan öka publikens engagemang och mottaglighet.

Sammantaget är landskapet för reklamplattformen 2024 ett rikt och mångsidigt ekosystem som ger annonsörer en mängd olika alternativ för att nå sin målgrupp. Nyckeln till framgång ligger i att förstå styrkorna hos varje plattform och att integrera dessa verktyg i en sammanhållen, välriktad annonseringsstrategi.

1.2.2. Sökmotorannonsering

Sökmotorannonsering, en central del av digital marknadsföring 2024, fortsätter att spela en avgörande roll i strategin för alla företag som vill öka sin synlighet online. Denna form av annonsering, ofta dominerad av Google Ads, har blivit mer sofistikerad och integrerad, vilket återspeglar tekniska framsteg och förändringar i användarbeteende.

I centrum för annonsering i sökmotorer är konceptet "betala per klick" (PPC), där annonsörer betalar för varje klick på sina annonser. Denna modell är extremt effektiv eftersom den låter dig rikta in dig på användare som aktivt letar efter specifika produkter eller tjänster. År 2024 har inriktningsmöjligheterna blivit mer exakta, vilket gör det möjligt för annonsörer att rikta in sig på målgrupper baserat på kriterier som plats, intressen, sökvanor och till och med köpbeteenden.

Google Ads, den mest populära plattformen för sökmotorannonsering, erbjuder en mängd olika annonsformat, inklusive traditionella textannonser, displayannonser och videoannonser. Dessa annonser visas inte bara i Googles sökresultat utan även på andra partnerwebbplatser i Googles Display-nätverk. Denna mångfald av format gör att annonsörer kan välja det bästa sättet att kommunicera sitt budskap och engagera sin målgrupp.

Att optimera sökmotorannonseringskampanjer har blivit mer komplext och mer datadrivet. Annonsörer använder avancerade analys- och spårningsverktyg för att mäta resultatet av sina kampanjer, justera sina bud i realtid och optimera sina sökord och reklambudskap. Artificiell intelligens spelar en växande roll i denna optimering, och hjälper till att förutsäga användarbeteenden och automatisera kampanjjusteringar för att maximera avkastningen på investeringen.

Dessutom handlar sökmotorannonsering 2024 inte längre bara om direktförsäljning. Det används också för att bygga upp varumärkesmedvetenhet, utbilda konsumenter och till och med påverka köpbeslut tidigt i kundresan. Annonsörer kombinerar ofta sökmotorannonsering med andra former av digital marknadsföring, såsom SEO och innehållsmarknadsföring, för att skapa en heltäckande och sammanhållen marknadsföringsstrategi online.

Sammanfattningsvis är sökmotorannonsering 2024 ett kraftfullt och oumbärligt verktyg för företag av alla storlekar. Den erbjuder omedelbar synlighet, exakt inriktning och höga konverteringsmöjligheter, samtidigt som den integreras sömlöst i en bredare digital marknadsföringsstrategi. För företag som vill sticka ut på en fullsatt marknad är det inte bara fördelaktigt utan också viktigt att behärska sökmotorannonsering.

1.2.3. Reklam i sociala medier

Annonsering på sociala nätverk, 2024, har blivit en viktig del av alla digitala marknadsföringsstrategier. Med sociala plattformar som ständigt utvecklas och ökar sitt inflytande, har varumärken ett kraftfullt verktyg till sitt förfogande för att nå och engagera sin målgrupp på ett direkt och personligt sätt.

Varje socialt nätverk erbjuder sina egna särdrag och fördelar när det gäller reklam. Facebook, till exempel, förblir en valplattform för att rikta in sig på en stor och mångfaldig publik, tack vare dess detaljerade inriktningsalternativ som inkluderar demografiska, beteendemässiga och till och med psykografiska kriterier. Instagram, med sitt fokus på det visuella, är idealiskt för varumärken som vill skapa estetiskt tilltalande och engagerande annonskampanjer som är särskilt effektiva för att nå en yngre publik.

TikTok, som har blivit en social mediajätte, erbjuder en unik plattform för kreativa och virala kampanjer, särskilt bland Generation Z. Dess dynamiska och kortformiga videoinnehållsorienterade karaktär gör det till en grogrund för innovativa och fängslande reklamkampanjer. LinkedIn fortsätter samtidigt att dominera B2B-reklambranschen och ger direkt tillgång till proffs och beslutsfattare inom olika branscher.

En av de mest tilltalande aspekterna av reklam på sociala medier är dess förmåga att engagera sig direkt med konsumenterna. Varumärken kan inte bara sända sina budskap, utan också interagera med sin publik, få feedback i realtid och bygga en community kring sina produkter eller tjänster. Denna tvåvägsinteraktion skapar ett starkare band mellan varumärken och deras kunder, vilket ökar lojalitet och förtroende.

Dessutom tillåter annonsering i sociala medier detaljerad mätning och analys av kampanjresultat. Annonsörer kan spåra en mängd olika mätvärden, såsom visningar, klick, engagemang och konverteringar, vilket gör att de kan justera sina strategier i realtid för att optimera resultaten. Plattformar erbjuder också avancerade verktyg för att testa olika annonsformat och budskap för att avgöra vad som resonerar bäst med deras målgrupp.

Under 2024 går trenden även mot integration av annonsering i sociala medier med andra digitala marknadsföringskanaler. Varumärken kombinerar ofta sociala mediekampanjer med SEO, e-postmarknadsföring och andra former av onlineannonsering för att skapa en sammanhållen omnikanalupplevelse för konsumenterna.

Sammanfattningsvis är sociala medierannonsering 2024 ett dynamiskt och mångsidigt verktyg, viktigt för varumärken som vill öka sin synlighet, engagera sin publik och generera omvandlingar. Med sina exakta inriktningsmöjligheter, olika formatalternativ och potential för direkt interaktion med konsumenter, representerar den en nyckelkomponent i alla framgångsrika digitala marknadsföringsstrategier.

1.2.4. Trender och innovationer

År 2024 präglas fältet onlineannonsering av trender och innovationer som omdefinierar hur varumärken interagerar med sin publik. Denna utveckling drivs av tekniska framsteg, förändringar i konsumentbeteende och behovet av större personalisering och effektivitet i reklamkampanjer.

En av de viktigaste trenderna är den ökade användningen av artificiell intelligens och maskininlärning. Dessa tekniker möjliggör ytterligare personalisering av reklamkampanjer, analyserar stora mängder data för att förstå konsumenternas preferenser och beteenden. Detta gör att annonsörer kan skapa reklambudskap som resonerar med varje segment av deras målgrupp, vilket ökar kampanjens effektivitet och förbättrar användarupplevelsen.

Augmented reality (AR) och virtuell verklighet

(VR) förändrar också onlineannonsering. Dessa teknologier erbjuder uppslukande och interaktiva upplevelser, vilket gör att varumärken kan sticka ut och skapa en stark känslomässig kontakt med konsumenterna. Till exempel kan ett modemärke använda AR för att låta kunderna virtuellt prova kläder, medan ett turistföretag kan använda VR för att erbjuda virtuella rundturer till avlägsna destinationer.

Konversationsmarknadsföring, tack vare chatbots och virtuella assistenter, vinner också popularitet. Dessa verktyg möjliggör interaktion i realtid med konsumenter, ger personlig kundservice och förbättrar engagemanget. Chatbots kan svara på frågor, rekommendera produkter och till och med bearbeta transaktioner, vilket skapar en sömlös och interaktiv shoppingupplevelse.

Dessutom fortsätter uppkomsten av programmatisk reklam att förändra reklamlandskapet. Detta tillvägagångssätt använder algoritmer för att automatiskt köpa annonsutrymme och rikta in sig på specifika målgrupper vid optimal tidpunkt. Detta möjliggör större effektivitet och bättre avkastning på investeringen, eftersom annonser är mer benägna att nå personer som är intresserade av den produkt eller tjänst som erbjuds.

Slutligen, etik och transparens blir nyckelelement i onlineannonsering. Med ökad medvetenhet om integritetsfrågor och användningen av personuppgifter strävar varumärken efter att vara mer transparenta i sina annonseringsmetoder. Detta inkluderar att följa dataskyddsbestämmelser, såsom GDPR, och att kommunicera tydligt om användningen av konsumentdata.

Dessa trender och innovationer visar att onlineannonsering 2024 inte bara handlar om att sälja produkter eller tjänster, utan också om att skapa unika, personliga och etiska upplevelser för konsumenter. Varumärken som anammar dessa nya tekniker och tillvägagångssätt är bättre positionerade för att få kontakt med sin publik på ett meningsfullt och varaktigt sätt.

1.3 Sociala nätverk

1.3.1. Dominerande plattformar 2024

År 2024 domineras det sociala medielandskapet av flera plattformar, som var och en har utvecklats för att möta de föränderliga behoven hos användare och annonsörer. Dessa plattformar sticker ut för sina unika egenskaper, målgrupp och förmåga att engagera användare på innovativa och meningsfulla sätt.

Facebook fortsätter att regera som en social mediajätte, med en massiv och mångsidig användarbas. Dess styrka ligger i dess förmåga att koppla samman människor i alla åldrar och bakgrunder, vilket ger varumärken en omfattande och varierad räckvidd. Facebook har också integrerat avancerade funktioner för förstärkt verklighet och e-handel, vilket gör plattformen mer uppslukande och interaktiv för användare och mer attraktiv för annonsörer.

Instagram, med sitt fokus på visuellt innehåll, förblir en plattform för estetikfokuserade varumärken, såsom mode, skönhet och livsstil. Under 2024 stärkte Instagram sitt gränssnitt med utökade verklighetsfunktioner och integrerade shoppingmöjligheter, vilket gjorde det möjligt för användare att interagera med varumärken på ett mer dynamiskt och direkt sätt.

TikTok, som har upplevt en hastig ökning de senaste åren, fortsätter att fängsla en ung och engagerad publik. Dess formel med kort, kreativt och ofta viralt innehåll erbjuder grogrund för innovativa och interaktiva reklamkampanjer. TikTok har blivit ett måste för varumärken som vill nå Gen Z och ta del av aktuella kulturtrender.

LinkedIn är fortfarande den dominerande plattformen för professionellt nätverkande och B2B-marknadsföring. 2024 utökade LinkedIn sina inriktnings- och innehållsmöjligheter, vilket gjorde det möjligt för företag att få kontakt med proffs och beslutsfattare mer exakt och effektivt. Plattformen är särskilt uppskattad för att utveckla professionella relationer och skapa tankeledarskapsinnehåll.

Äntligen börjar nya framväxande plattformar, som riktar sig till specifika nischer eller introducerar nya sätt att ansluta online, få draghjälp. Dessa plattformar ger unika möjligheter för varumärken att få kontakt med specifika målgrupper och utforska nya former av innehåll och engagemang.

Sammanfattningsvis erbjuder de dominerande plattformarna 2024 en mångfald av kanaler och tillvägagångssätt för marknadsföring i sociala medier. Varje plattform har unika egenskaper som kan utnyttjas av varumärken för att uppnå sina marknadsföringsmål, oavsett om de ska öka varumärkesmedvetenheten, engagera sig med specifika målgrupper eller generera direktförsäljning. Nyckeln till framgång ligger i att förstå styrkorna hos varje plattform och anpassa strategier för att maximera effekten hos målgruppen.

1.3.2. Innehålls- och engagemangsstrategier

År 2024 har strategier för innehåll och engagemang för sociala medier blivit mer förfinade och användarcentrerade, vilket återspeglar de ständigt föränderliga förväntningarna och beteenden hos onlinepublik. Varumärken som lyckas i detta utrymme är de som förstår vikten av att skapa meningsfullt och engagerande innehåll, skräddarsytt för varje plattforms särdrag och deras målgrupp.

En effektiv innehållsstrategi börjar med en djup förståelse för publiken. Varumärken behöver veta vilka deras följare är, vad de bryr sig om och hur de interagerar med innehåll på olika plattformar. Denna förståelse gör att du kan skapa innehåll som resonerar med publiken, oavsett om det är informativt, underhållning eller inspirerande inlägg. År 2024 är användningen av dataanalys och artificiell intelligens vanligt för att förstå användarpreferenser och beteenden, vilket möjliggör ökad personalisering och relevans av innehåll.

Storytelling är ett annat nyckelelement i innehållsstrategier. Fängslande, välberättade historier kan skapa en stark känslomässig kontakt med publiken, öka engagemanget och varumärkeslojalitet. Varumärken använder berättelser för att dela sina värderingar, uppdrag och framgångar och förvandlar deras innehåll till uppslukande och minnesvärda upplevelser för användarna.

Engagemanget är lika avgörande som själva innehållet. Varumärken bör vara aktiva och lyhörda på sociala medier, svara på kommentarer, delta i konversationer och uppmuntra användare att interagera med sitt innehåll. Tävlingar, undersökningar och öppna frågor är effektiva sätt att uppmuntra interaktion och skapa en gemenskap kring varumärket.

Video fortsätter att vara ett dominerande innehållsformat 2024, med en preferens för korta, engagerande och lättanvändbara videor. Plattformar som TikTok och Instagram Reels ger idealiska möjligheter för kreativa videor som kan bli virala. Varumärken utnyttjar också livevideo för evenemang, produktlanseringar eller frågestunder, vilket ger en mer autentisk och personlig upplevelse.

Slutligen är det viktigt att anpassa innehållet till varje plattforms särdrag. Det som fungerar på Instagram kanske inte fungerar på LinkedIn eller TikTok. Varumärken måste därför anpassa sitt budskap, ton och format beroende på plattformen och dess målgrupp. Till exempel kan innehåll som är mer formellt och fokuserat på tankeledarskap vara lämpligt för LinkedIn, medan innehåll som är mer visuellt och underhållande kommer att passa bättre för Instagram eller TikTok.

Sammanfattningsvis kräver innehålls- och engagemangsstrategier 2024 ett holistiskt tillvägagångssätt som kombinerar publikens förståelse, berättande, aktiv interaktion, användning av olika innehållsformat och anpassning till olika plattformar. Varumärken som använder dessa strategier är bättre positionerade för att skapa meningsfulla kontakter med sin publik, stärka sin onlinenärvaro och uppnå sina marknadsföringsmål på sociala medier.

1.3.3. Reklam och intäktsgenerering

År 2024 har annonsering och intäktsgenerering i sociala medier nått nya höjder av innovation och effektivitet, vilket ger varumärken och innehållsskapare oöverträffade möjligheter att generera intäkter. Denna utveckling är resultatet av en bättre förståelse för användarnas beteende, integrationen av avancerad teknik och skapandet av mer interaktiva och personliga annonsformat.

Annonsering i sociala medier har blivit mer sofistikerad, med exakta inriktningsalternativ och olika annonsformat. Plattformar som Facebook, Instagram och TikTok erbjuder inriktningsverktyg baserade på demografi, intressen, köpbeteenden och till och med tidigare interaktioner med varumärket. Denna precision gör det möjligt för annonsörer att leverera sina budskap till den publik som sannolikt är intresserad av deras produkter eller tjänster, vilket ökar konverteringsfrekvensen och avkastningen på investeringen.

Annonsformaten har också utvecklats och går bortom traditionella annonser och inkluderar uppslukande upplevelser som förstärkt verklighet, interaktiva videor och butiker i appar. Till exempel tillåter augmented reality-annonser på Instagram användare att virtuellt prova produkter, som glasögon eller smink, vilket skapar en engagerande och rolig shoppingupplevelse. På samma sätt inbjuder interaktiva videor på TikTok användare att delta i utmaningar eller interagera med innehåll på kreativa sätt, vilket ökar engagemanget och varumärkets synlighet.

Intäktsgenerering för innehållsskapare på sociala

medier har också tagit fart. Plattformar som YouTube och Twitch har fulländat sina system för delning av annonsintäkter, vilket ger kreatörer en betydande del av intäkterna som genereras av deras videor. Dessutom tillåter funktioner som Super Chats på YouTube och Bits on Twitch fans att ekonomiskt stödja sina favoritskapare direkt under livestreamar.

Varumärkespartnerskap och samarbeten är en annan viktig inkomstkälla för kreatörer. Genom att arbeta direkt med varumärken för att skapa sponsrat innehåll kan influencers generera intäkter samtidigt som de förser sina följare med relevant och autentiskt innehåll. Dessa partnerskap har blivit mer transparenta och reglerade, vilket säkerställer tydligt avslöjande av sponsrade samarbeten för att upprätthålla förtroende och autenticitet.

Slutligen har sociala medieplattformar introducerat nya e-handelsfunktioner som gör det möjligt för varumärken och kreatörer att direkt sälja sina produkter genom sina profiler och inlägg. Dessa integrerade shoppingfunktioner förvandlar sociala nätverk till omfattande försäljningskanaler, vilket ger en sömlös och integrerad shoppingupplevelse för användarna.

Sammanfattningsvis representerar annonsering och intäktsgenerering i sociala medier 2024 ett dynamiskt och ständigt utvecklande ekosystem som erbjuder flera möjligheter för varumärken och innehållsskapare. Med innovativa annonseringsstrategier, olika alternativ för intäktsgenerering och ökad e-handelsintegration har sociala medier blivit kraftfulla plattformar för affärstillväxt och inkomstgenerering.

1.3.4. Prestandaanalys och mätning

Analys och mätning av prestanda på sociala nätverk 2024 har blivit viktiga komponenter i alla digitala marknadsföringsstrategier. Med plattformar och användarbeteenden som ständigt utvecklas, är det avgörande för varumärken och företag att förstå effekten och effektiviteten av åtgärder som vidtas över dessa kanaler. Denna djupgående förståelse gör att strategier kan justeras i realtid, resurser kan optimeras och mål uppnås mer effektivt.

Sociala medieplattformar erbjuder ett brett utbud av inbyggda analysverktyg som gör att varumärken kan spåra en mängd olika nyckeltal. Dessa mätvärden inkluderar, men är inte begränsade till, antal gilla-markeringar, delningar, kommentarer, inläggsräckvidd, engagemangsgrad och antal länkklick. Denna data ger värdefulla insikter om hur innehåll tas emot av publiken, vilken typ av innehåll som presterar bäst och när det är bäst att lägga upp.

År 2024 har analyser av sociala medier blivit rikare med integrationen av artificiell intelligens och maskininlärning. Dessa tekniker möjliggör djupare analys av trender, användarsentiment och interaktionsbeteenden. Till exempel kan sentimentanalys avslöja hur användare uppfattar ett varumärke eller produkt, genom att undersöka tonen och sammanhanget för kommentarer och omnämnanden på sociala medier.

Varumärken använder också analysverktyg från tredje part för att få mer detaljerade insikter och för att kombinera data från olika källor. Dessa verktyg erbjuder avancerade funktioner som konverteringsspårning, analys av användarresor och målgruppssegmentering. Genom att kombinera sociala medier-data med andra datakällor, som webbplatstrafik eller försäljningsdata, kan varumärken få en helhetssyn på effektiviteten av deras marknadsföringsinsatser.

Att analysera sociala mediers prestanda är också viktigt för ROI (return on investment) och beslutsfattande. Genom att mäta effektiviteten hos reklamkampanjer, innehållsinitiativ och engagemangsstrategier kan företag avgöra vilka metoder som ger den bästa avkastningen på investeringen och anpassa sina budgetar och resurser därefter.

Slutligen är analys och prestationsmätning inte bara övningar efter kampanjen, utan pågående processer. Varumärken måste ständigt övervaka sina sociala mediers prestanda för att snabbt upptäcka nya trender, svara på förändringar i användarbeteenden och justera sina strategier i realtid för att förbli relevanta och effektiva.

Sammanfattningsvis är analys och mätning av prestanda på sociala nätverk 2024 nyckelelement för att förstå effekterna av marknadsföringsåtgärder, optimera strategier och garantera maximal avkastning på investeringen. Med tillkomsten av avancerad teknik och integrationen av olika data har varumärken nu kraftfulla verktyg för att mäta, analysera och kontinuerligt förbättra sin närvaro på sociala nätverk.

KAPITEL 2: INNEHÅLLSSTRA TEGIER

"Din mest missnöjda kund är din bästa källa till lärande."
Bill Gates

2.1 Content Marketing

2.1.1 Skapande av kvalitetsinnehåll

Inom innehållsmarknadsföring år 2024 har skapandet av kvalitetsinnehåll blivit mer än någonsin en hörnsten i varumärkens kommunikationsstrategier. Med konsumenternas förväntningar som ständigt utvecklas och marknaderna är mättade, är det viktigt att producera innehåll som sticker ut för sin kvalitet, originalitet och relevans för att fånga uppmärksamheten och engagera publiken.

Innehållskvalitet definieras av flera

nyckelkriterier. Först och främst är äkthet och originalitet väsentliga. Konsumenter letar ständigt efter innehåll som ger ett nytt perspektiv, är ärligt och speglar varumärkesvärden. Det innebär att gå bort från allmänna budskap och skapa innehåll som berättar en historia, delar en upplevelse eller erbjuder en unik insikt.

Därefter är relevansen av innehållet avgörande. Det innebär att förstå målgruppens behov, intressen och utmaningar och skapa innehåll som möter dem. År 2024 är det vanligt att använda data och analyser för att förstå publikens preferenser, vilket gör att varumärken kan anpassa sina budskap och säkerställa att deras innehåll inte bara är intressant, utan också användbart för sin publik.

Innehållskvalitet kräver också utmärkt utförande. Detta inkluderar inte bara oklanderligt skrivande, utan också användningen av attraktiva bilder, engagerande videor och andra multimediaelement. Med utvecklingen av teknologier och plattformar har varumärken en mängd olika format till sitt förfogande för att presentera sitt innehåll på ett kreativt och fängslande sätt.

Dessutom är kvaliteten på innehållet nära kopplat till dess förmåga att engagera och driva handling. Kvalitetsinnehåll ska inte bara informera eller underhålla, utan också uppmuntra användare att interagera med varumärket, antingen genom kommentarer, delningar, registreringar eller köp.

Detta kräver en tydlig förståelse för varumärkets mål och strategisk integration av uppmaningar till handling i innehållet.

Slutligen är innehållskvalitet en pågående och utvecklande process. Varumärken måste vara villiga att anpassa sig, experimentera och förnya sig med innehåll för att förbli relevanta i ett ständigt föränderligt medielandskap. Detta innebär att hålla koll på trender, samla in feedback från publiken och anpassa innehållsstrategier därefter.

Sammanfattningsvis är att skapa kvalitetsinnehåll 2024 en komplex blandning av äkthet, relevans, excellens i utförande, engagemang och anpassningsförmåga. Varumärken som lyckas med detta tillvägagångssätt är de som förstår och respekterar sin publik, samtidigt som de är kreativa och innovativa i sättet de kommunicerar sina budskap.

2.1.2 Distributionsstrategier

År 2024 har strategier för innehållsdistribution blivit en avgörande aspekt av innehållsmarknadsföring, som kräver noggrann planering och strategiskt genomförande. Med det överflöd av innehåll som finns tillgängligt online räcker det inte längre att skapa kvalitetsinnehåll; det är också viktigt att se till att den når målgruppen effektivt. Innehållsdistribution innebär en grundlig förståelse för de olika tillgängliga kanalerna och hur de kan användas för att maximera innehållets räckvidd och effekt.

En av nycklarna till en framgångsrik distributionsstrategi är kanaldiversifiering. Detta inkluderar inte bara traditionella sociala nätverk som Facebook, Instagram och Twitter, utan även framväxande plattformar, bloggar, nyhetsbrev via e-post och till och med poddsändningar. Varje kanal har sina egna styrkor och attraherar olika publiksegment. Till exempel är sociala medier bra för att nå en bred publik och uppmuntra engagemang, medan nyhetsbrev via e-post är bra för att ge mer djupgående innehåll till en redan intresserad publik.

Personalisering av distribution är också viktigt. Det innebär att anpassa innehållet och dess format beroende på distributionskanal. Till exempel kan långt, detaljerat innehåll vara bättre lämpat för en blogg eller ett nyhetsbrev, medan en förtätad, visuellt tilltalande version kan vara mer effektiv på sociala medier. Detta tillvägagångssätt säkerställer att innehållet inte bara syns utan också engagerar publiken på varje plattform.

En annan viktig strategi är användningen av marknadsföringsautomation och analysverktyg för att optimera distributionen. Dessa verktyg låter dig schemalägga publicering av innehåll, rikta in dig på specifika målgrupper och övervaka prestanda i realtid. Genom att analysera resultatdata kan du förstå vilken typ av innehåll som presterar bäst på vilken kanal, när du ska publicera för att maximera synlighet och hur du justerar distributionsstrategier för att förbättra engagemanget och räckvidden.

Att samarbeta med influencers och andra varumärken kan också vara ett effektivt sätt att distribuera innehåll. Dessa partnerskap hjälper till att nå nya målgrupper och lägga till trovärdighet till innehållet. Genom att samarbeta med influencers eller varumärken som delar liknande värderingar kan företag utöka sin räckvidd organiskt och autentiskt.

Slutligen är det avgörande att inte försumma vikten av SEO vid distribution av innehåll. Att optimera innehåll för sökmotorer säkerställer långsiktig synlighet och kan leda till konsekvent organisk trafik. Det handlar om att använda relevanta nyckelord, bygga interna och externa länkar och se till att innehållet är lättillgängligt och indexerbart av sökmotorer.

Sammanfattningsvis kräver strategier för innehållsdistribution 2024 ett flerkanaligt, personligt och datadrivet tillvägagångssätt. Genom att förstå styrkorna hos varje kanal, skräddarsy innehåll för att möta specifika publikbehov och använda analysverktyg för att optimera distributionen, kan varumärken säkerställa att deras kvalitetsinnehåll effektivt når och engagerar sin målgrupp.

2 1.3 Innehållsmarknadsföring

och SEO

År 2024 är sambandet mellan innehållsmarknadsföring och SEO mer uttalat och strategiskt än någonsin. Denna synergi är avgörande för varumärkens framgång online eftersom den kombinerar konsten att skapa engagerande, relevant innehåll med vetenskapen om sökmotoroptimering. Denna sammanslagning hjälper inte bara att fånga målgruppens uppmärksamhet, utan säkerställer också att innehållet är lätt att hitta och rankas bra i sökresultaten.

Content marketing fokuserar på att skapa material som ger värde för användarna, oavsett om det är i form av information, underhållning eller utbildning. Målet är att skapa innehåll som resonerar med publiken, etablerar varumärkets trovärdighet och uppmuntrar engagemang. Men oavsett hur bra innehållet är, om det inte är optimerat för sökmotorer kanske det inte når sin potentiella målgrupp. Det är här SEO kommer in i bilden.

SEO, eller sökmotoroptimering, innebär att man justerar olika delar av innehållet så att det bättre förstås och gynnas av sökmotorer som Google. Detta inkluderar att strategiskt använda relevanta nyckelord, bygga interna och externa länkar, optimera metataggar och bilder och se till att innehållet är strukturerat på ett sätt som är lätt att indexera. När innehållsmarknadsföring och SEO samordnas drar innehåll inte bara till sig läsarnas uppmärksamhet utan är också välpositionerat i sökresultaten, vilket ökar dess synlighet och tillgänglighet.

En effektiv strategi kombinerar dessa två delar på ett harmoniskt sätt. Till exempel när du skapar innehåll är det viktigt att göra sökordsforskning för att förstå de termer och frågor som målgruppen använder för att söka information på nätet. Dessa nyckelord kan sedan integreras naturligt i innehållet, vilket säkerställer att det inte bara uppfyller användarnas behov, utan också är optimerat för sökmotorer.

Dessutom är att skapa kvalitetsinnehåll som lockar naturliga bakåtlänkar en annan punkt för konvergens mellan innehållsmarknadsföring och SEO. Bakåtlänkar, eller inkommande länkar från andra webbplatser, är en nyckelindikator på en webbplatss kvalitet och relevans för sökmotorer. Engagerande och informativt innehåll är mer sannolikt att delas och refereras av andra webbplatser, vilket förbättrar webbplatsens bakåtlänksprofil och därmed dess rankning i sökresultaten.

Slutligen är det viktigt att spåra och analysera innehållsprestanda för att förstå hur det presterar ur både ett innehållsmarknadsförings- och SEO-perspektiv. Detta innebär att övervaka mätvärden som webbplatstrafik, tid på sidan, avvisningsfrekvens, samt sökordsrankningar och klickfrekvens (CTR) i sökresultat. Dessa data kan

41

ge värdefulla insikter för att förfina och förbättra framtida strategier.

Sammanfattningsvis, 2024 är innehållsmarknadsföring och SEO inte isolerade strategier, utan ömsesidigt beroende komponenter i en övergripande digital marknadsföringsstrategi. Att framgångsrikt integrera dessa två element är avgörande för att skapa innehåll som inte bara engagerar och informerar användare, utan också är synligt och rankas högt i sökresultaten, vilket maximerar räckvidden och effekten av onlineinnehåll.

2.1.4 Mätning av effektivitet

Att mäta effektiviteten i innehållsmarknadsföring 2024 är en komplex och flerdimensionell process, avgörande för att bedöma effekten av innehållsstrategier och vägleda framtida marknadsföringsbeslut. Med utvecklingen av teknik och konsumentbeteende har varumärken en mängd data och verktyg för att analysera prestandan för deras innehåll. Att tolka dessa data på ett meningsfullt sätt är dock avgörande för att få handlingsbara insikter och optimera innehållsstrategier.

Ett av de första stegen för att mäta effektivitet är att sätta upp tydliga, mätbara mål. Dessa mål kan variera beroende på varumärkets behov och kan innefatta ökad webbplatstrafik, förbättrat engagemang i sociala medier, generering av potentiella kunder eller ökad försäljning. När målen väl har definierats är det viktigt att välja relevanta nyckeltal (KPI) som kommer att mäta uppnåendet av dessa mål. Om målet till exempel är att öka engagemanget kan nyckeltal inkludera antalet delningar, kommentarer och likes.

Webbtrafikanalys är en avgörande aspekt för att mäta effektivitet. Webbanalysverktyg, som Google Analytics, tillhandahåller detaljerad information om antalet besökare, sessionslängd, avvisningsfrekvens och användarresor genom webbplatsen. Denna data hjälper till att förstå hur användare interagerar med innehåll och vilket innehåll som lockar och behåller besökarnas uppmärksamhet.

Engagemang i sociala medier är en annan viktig indikator på innehållets effektivitet. Sociala medieplattformar erbjuder sina egna analysverktyg för att spåra användarens engagemang med innehåll, inklusive gilla-markeringar, delningar, kommentarer och visningar. Dessa mätvärden hjälper till att bedöma hur väl innehållet resonerar med publiken och hur väl det uppmuntrar till interaktion.

Generering av potentiella kunder och konverteringar är också viktiga mått på effektivitet, särskilt för varumärken som fokuserar på affärsresultat. Detta innebär att spåra hur innehåll bidrar till att omvandla besökare till leads eller kunder. Att använda formulär för insamling av potentiella kunder, specifika målsidor och spåra omvandlingar är effektiva metoder för att mäta denna aspekt.

Slutligen är det viktigt att genomföra en kvalitativ innehållsanalys. Detta inkluderar att samla in användarfeedback, analysera kommentarer och bedöma varumärkesuppfattning. Dessa kvalitativa insikter kan komplettera kvantitativa data och ge en djupare förståelse för innehållets påverkan.

Sammanfattningsvis kräver att mäta innehållsmarknadsföringseffektiviteten 2024 ett holistiskt tillvägagångssätt som kombinerar kvantitativ och kvalitativ analys. Genom att sätta tydliga mål, välja rätt nyckeltal och använda en mängd olika verktyg och metoder för att analysera prestanda, kan varumärken få en djup förståelse för effektiviteten av deras innehåll och optimera det för att nå sina mål.

2.2 Storytelling och personligt varumärke

2.2.1 Konsten att berätta

År 2024 har berättandekonsten blivit en central del av personligt varumärke och innehållsmarknadsföring. Storytelling, eller konsten att berätta historier, är en kraftfull teknik som gör att varumärken och individer kan ansluta känslomässigt till sin publik, förmedla budskap på ett minnesvärt sätt och sticka ut i ett mättat medielandskap.

Effektivt berättande bygger på att skapa ett narrativ som resonerar med publiken. Det handlar om att väva berättelser kring värderingar, upplevelser och känslor som är meningsfulla för målgruppen. En bra historia bör ha en gripande början, en engagerande utveckling och en tillfredsställande avslutning. Det måste vara autentiskt, kreativt och framför allt måste det återspegla varumärkets eller personens sanning och värderingar.

I samband med personligt varumärke är storytelling särskilt kraftfullt. Det låter individer dela med sig av sin resa, utmaningar, framgångar och lektioner på ett sätt som inspirerar, utbildar och förbinder sig djupt med sin publik. Oavsett om det är en entreprenör som delar historien om hur de startade sitt företag, en artist som diskuterar sina inspirationer eller en professionell som förklarar sitt unika förhållningssätt till sitt område, kan personligt berättande förändra hur andra uppfattar en person och deras varumärke.

Varumärken använder också storytelling för att förverkliga sitt uppdrag och sina värderingar. Istället för att enbart fokusera på egenskaperna eller fördelarna med deras produkter eller tjänster, berättar de historier som illustrerar vilken inverkan deras varumärke har på människors liv. Det kan inkludera berättelser från nöjda kunder, berättelser bakom en produkts design eller initiativ som visar varumärkets engagemang för sociala eller miljömässiga orsaker.

Storytelling i innehållsmarknadsföring manifesterar sig genom olika format – bloggar, videor, podcasts, sociala nätverk och till och med augmented och virtual reality. Varje format erbjuder ett unikt sätt att berätta historier och nå publik. Till exempel kan en video fånga visuella och auditiva känslor, medan en blogg kan erbjuda mer detaljerat och genomtänkt berättande.

Slutligen, konsten att berätta 2024 förstärks genom användning av data och analyser för att förstå vad som resonerar hos publiken. Varumärken och individer kan använda feedback från användare och interaktioner för att förfina sina berättelser, vilket gör dem mer relevanta och slagkraftiga.

Sammanfattningsvis är konsten att berätta en viktig färdighet i världen av marknadsföring och personligt varumärke 2024. Det hjälper till att skapa känslomässiga kopplingar, stärka varumärkeslojalitet och kommunicera budskap på ett kraftfullt och minnesvärt sätt. . Välberättade historier har kraften att fängsla publiken, skapa empati och lämna ett bestående intryck.

2.2.2 Bygga ett personligt varumärke

År 2024 har byggandet av ett personligt varumärke blivit en viktig process för yrkesverksamma inom alla sektorer. Ett starkt personligt varumärke hjälper dig att sticka ut på en konkurrensutsatt marknad, skapa ett rykte om expertis och skapa karriär- eller affärsmöjligheter. Processen att bygga ett personligt varumärke går utöver enkel självreklam; det handlar om att definiera och kommunicera en autentisk och sammanhängande bild av sig själv.

Det första steget i att bygga ett personligt varumärke är självreflektion. Att förstå dina egna unika värderingar, passioner, färdigheter och mål är avgörande. Denna förståelse hjälper till att definiera vad som skiljer en individ åt, vad de kan erbjuda och vilket budskap de vill förmedla. Det handlar om att skapa en "personlig berättelse" som inte bara speglar yrkesskicklighet, utan också personlighetsdrag, livserfarenheter och motivationer.

När denna grund väl är etablerad är det viktigt att kommunicera detta personliga varumärke konsekvent över olika kanaler. Detta inkluderar professionella sociala nätverk som LinkedIn, innehållsplattformar som bloggar eller YouTube och nätverksinteraktioner. Varje beröringspunkt för publiken bör förstärka personligt varumärke. Till exempel på sociala medier är det viktigt att dela innehåll som speglar individens expertis och intressen, samtidigt som man aktivt engagerar sig i samhället för att bygga relationer och trovärdighet.

Skapande av innehåll är en viktig del av att bygga ett personligt varumärke. Genom att dela kunskap, idéer och erfarenheter genom artiklar, videor, podcasts eller inlägg på sociala medier kan en individ visa sin expertis och passion. Detta innehåll ska vara av hög kvalitet, relevant för målgruppen och troget personens röst och stil.

Nätverk spelar också en avgörande roll för att bygga ett personligt varumärke. Detta innebär att få kontakt med proffs i samma bransch, delta i branschevenemang och samarbeta med andra proffs. Nätverk låter dig inte bara göra dig känd, utan också att lära av andra, få synlighet och skapa möjligheter till samarbete.

Slutligen är det viktigt att förbli autentisk och upprätthålla en konsekvent onlinenärvaro. Det personliga varumärket ska vara en sann återspegling av individen, inte en fasad skapad för att imponera. Autenticitet lockar till sig förtroende och lojalitet och hjälper till att bygga varaktiga relationer med publiken.

Sammanfattningsvis är att bygga ett personligt varumärke 2024 en strategisk process som involverar att förstå och kommunicera ditt unika värde, skapa och dela relevant innehåll, aktivt nätverka och bibehålla konsekvent autenticitet. Ett starkt personligt varumärke kan öppna dörrar, skapa trovärdighet och skapa ett bestående inflytande i en individs professionella karriär.

2.2.3 Exempel på framgång

År 2024 finns det många exempel som illustrerar den anmärkningsvärda framgången med personligt varumärkesbyggande och effektivt berättande. Dessa exempel fungerar som inspirerande modeller för dem som vill etablera sitt eget personliga varumärke eller förbättra sin innehållsstrategi.

Ett framträdande exempel är en teknisk entreprenör som använde sin blogg och sin YouTube-kanal för att dela sin resa för att utveckla sin startup. Genom att dokumentera upp- och nedgångarna i sin entreprenörserfarenhet etablerade han inte bara sitt rykte som expert inom teknikområdet, utan skapade också en lojal gemenskap av följare och framtida entreprenörer. Hans videor, som blandar praktiska råd, lärdomar och personliga insikter, har lockat en bred publik, vilket lett till mentorskapsmöjligheter, partnerskap och till och med finansieringserbjudanden för hans projekt.

Ett annat exempel är en dietist som använde Instagram och en blogg för att dela med sig av näringstips, hälsosamma recept och hälsoinformation. Genom att ta ett autentiskt förhållningssätt och dela med sig av sina egna erfarenheter av hälsoutmaningar kunde hon etablera en djup kontakt med sin publik. Hans förmåga att presentera komplex information på ett tillgängligt och engagerande sätt har gett honom en stor fanskara, samt samarbeten med hälso- och välmåendemärken.

Inom konstområdet har en fotograf på ett briljant sätt använt sociala nätverk för att ställa ut sina verk. Genom att dela historien bakom varje foto, hans tekniker och inspirationer visade han inte bara upp sitt konstnärskap, utan skapade också en fängslande berättelse som väckte uppmärksamheten hos konstgallerier och samlare. Hans skickliga användning av visuellt berättande förvandlade hans portfölj till en uppslukande upplevelse, vilket ökade hans synlighet och erkännande i konstvärlden.

En personlig utvecklingscoach visade också den kraftfulla inverkan som berättandet har för att bygga upp sitt varumärke. Genom att dela med sig av sina personliga erfarenheter av att övervinna hinder och ge praktiska råd genom poddsändningar och onlineseminarier har han etablerat ett starkt varumärke baserat på inspiration och empowerment. Hans personliga och uppriktiga förhållningssätt har hjälpt många människor att uppnå sina personliga och professionella mål, vilket ytterligare cementerar hans rykte som en inflytelserik coach.

Dessa exempel visar att framgång med att bygga ett personligt varumärke och berättande inte bara beror på expertis inom ett specifikt område, utan också på förmågan att kommunicera autentiskt, skapa känslomässiga kopplingar och erbjuda insikt. Oavsett om det är genom sociala medier, bloggar, videor eller podcasts, kan effektivt berättande och ett väldefinierat personligt varumärke öppna dörrar till nya möjligheter och etablera en varaktig och inflytelserik närvaro inom alla områden.

2.2.4 Verktyg och tekniker

År 2024 finns en mängd verktyg och tekniker tillgängliga för att hjälpa till att bygga och stärka ett personligt varumärke och bemästra konsten att berätta. Dessa resurser är viktiga för att navigera i det komplexa digitala landskapet och säkerställa att varumärkes- och kommunikationsinsatser är effektiva och effektfulla.

Sociala medieplattformar förblir viktiga verktyg för personligt varumärke och berättande. Varje plattform, oavsett om det är LinkedIn, Instagram, Twitter eller TikTok, erbjuder unika funktioner som kan utnyttjas för att uppnå specifika mål. LinkedIn, till exempel, är utmärkt för professionellt nätverkande och för att dela branschrelaterat innehåll, medan Instagram och TikTok är bra för visuellt och kreativt berättande. Att använda dessa plattformar strategiskt innebär att förstå deras algoritmer, utnyttja deras analysverktyg för att mäta engagemang och skapa innehåll som är skräddarsytt för varje specifik målgrupp.

Verktyg för att skapa innehåll som Canva, Adobe Creative Suite och videoredigeringsprogram som Final Cut Pro eller Adobe Premiere Pro är viktiga för att producera grafik och videor av hög kvalitet. Dessa verktyg låter dig skapa attraktiv design, infografik och fängslande videor som kan förbättra den visuella effekten av berättande och göra innehållet mer engagerande.

Bloggplattformar som WordPress och Medium ger ett utrymme för att dela mer djupgående berättelser och artiklar. De är särskilt användbara för att etablera expertis inom ett specifikt område och för att tillhandahålla djupgående information som inte kan utforskas fullt ut inom gränserna för sociala medier.

För nätverkande och relationsbyggande är verktyg som LinkedIn Sales Navigator och plattformar för kundrelationshantering (CRM) värdefulla. De låter dig spåra och analysera interaktioner med kontakter, identifiera nya nätverksmöjligheter och upprätthålla professionella relationer.

Dessutom är analys- och spårningsverktyg, som Google Analytics, Hootsuite eller Buffer, avgörande för att mäta effektiviteten hos innehåll och personligt varumärke. Dessa verktyg ger insikter om webbtrafik, engagemang i sociala medier och innehållsprestanda, vilket gör att strategier kan anpassas för att maximera effekten.

Podcaster och webbseminarier är också effektiva tekniker för storytelling och personligt varumärke. De ger ett sätt att dela kunskap, idéer och berättelser på ett personligt och engagerande sätt. Podcaster, i synnerhet, har vuxit i popularitet som ett sätt att bygga en lojal publik och etablera en närvaro inom ett specifikt område.

Sammanfattningsvis, år 2024 finns en mängd

olika verktyg och tekniker tillgängliga för proffs för att bygga och stärka sitt personliga varumärke och berättande. Effektiv användning av dessa resurser kräver en tydlig förståelse för varumärkets mål, kunskap om olika plattformar och teknologier och en förmåga att skapa innehåll som resonerar med målgruppen. Med rätt verktyg och tekniker är det möjligt att skapa ett starkt personligt varumärke och övertygande berättande som kan öppna dörrar till nya möjligheter och etablera en inflytelserik närvaro inom alla områden.

2.3 Videomarknadsföring

2.3.1. Vikten av videomarknadsföring

År 2024 har videomarknadsföring etablerat sig som en avgörande del av alla digitala marknadsföringsstrategier, och spelar en central roll i hur varumärken kommunicerar med sin publik. Vikten av videomarknadsföring härrör från dess förmåga att fånga uppmärksamhet, förmedla komplexa budskap på ett kortfattat och engagerande sätt och generera djupt känslomässigt engagemang.

En av huvudorsakerna till den ökade betydelsen av videomarknadsföring är dess förmåga att få uppmärksamhet i en fullsatt digital miljö. Med det överflöd av innehåll som finns tillgängligt online, sticker videor ut för sin dynamik och förmåga att berätta historier visuellt och fonetiskt. De erbjuder en mer uppslukande upplevelse än traditionella innehållsformat, som text eller bild, vilket gör dem särskilt effektiva för att fånga och upprätthålla tittarnas intresse.

Dessutom är videor ett extremt mångsidigt sätt att kommunicera information. De kan användas för en mängd olika ändamål, från marknadsföring av produkter eller tjänster till konsumentutbildning, varumärkesbyggande och samhällsengagemang. Videor hjälper till att presentera komplexa koncept på ett enkelt och begripligt sätt, vilket gör dem idealiska för att förklara tekniska produkter, demonstrera procedurer eller berätta en varumärkeshistoria.

Den känslomässiga effekten av videor är också en nyckelfaktor för deras effektivitet. Videor kan använda element som musik, dialog, ansiktsuttryck och kroppsspråk för att skapa en känslomässig kontakt med tittaren. Denna förmåga att väcka känslor stärker budskapets genomslagskraft och kan leda till större varumärkeslojalitet och ökat engagemang.

Dessutom drar videomarknadsföring nytta av att det är lätt att dela på sociala medier och andra onlineplattformar. Videor är ofta mer benägna att delas än andra typer av innehåll, vilket ökar deras räckvidd och virala potential. Den här funktionen gör dem särskilt värdefulla för kampanjer som syftar till att öka varumärkesmedvetenheten eller nå en stor publik.

Äntligen har utvecklande teknologier gjort videoproduktion mer tillgänglig och prisvärd. Med tillkomsten av högkvalitativa smartphones, videoredigeringsprogram och livestreamingplattformar har det blivit lättare för varumärken av alla storlekar att skapa och distribuera videoinnehåll. Denna tillgänglighet har öppnat dörren till ökad kreativitet och innovation inom området videomarknadsföring. Sammanfattningsvis ligger vikten av videomarknadsföring 2024 i dess förmåga att fånga uppmärksamhet, kommunicera effektivt, etablera en känslomässig koppling, uppmuntra delning och anpassa sig till olika marknadsföringsmål. Varumärken som framgångsrikt integrerar videomarknadsföring i sin övergripande strategi kan förvänta sig en betydande förbättring av engagemang, medvetenhet och effekten av deras kommunikation.

2.3.2. Strategier för videoinnehåll

År 2024 har utveckling av effektiva videoinnehållsstrategier blivit en viktig aspekt av digital marknadsföring. Med onlinevideokonsumtionen stadigt ökande måste varumärken ta innovativa och riktade tillvägagångssätt för att sticka ut och engagera sin publik. Nyckeln till framgång ligger i att skapa videoinnehåll som inte bara är fängslande utan också anpassat till varumärkets mål och värderingar.

Det första steget i att utveckla en videoinnehållsstrategi är att sätta upp tydliga mål. Dessa mål kan sträcka sig från ökad varumärkesmedvetenhet, publikengagemang, generering av potentiella kunder eller försäljningskonvertering. En tydlig förståelse för mål hjälper till att styra vilken typ av videoinnehåll som ska produceras, oavsett om det är pedagogiska handledningar, kundrekommendationer, produktdemonstrationer eller inspirerande varumärkesberättelser.

När målen väl är definierade är det avgörande att förstå målgruppen. Detta innebär att känna till deras preferenser, deras innehållskonsumtionsvanor och de plattformar de besöker. Till exempel kan en yngre publik vara mer engagerad av korta, dynamiska videor på plattformar som TikTok eller Instagram, medan en professionell publik kanske föredrar djupgående webbseminarier eller fallstudier på LinkedIn eller YouTube.

Att diversifiera videoformat är också en viktig komponent i en framgångsrik videoinnehållsstrategi. Varumärken bör utforska en mängd olika format, som livevideo, animation, intervjuer, förklarande videor och visuellt berättande. Varje format har sina egna styrkor och kan användas för att kommunicera olika aspekter av varumärket eller uppnå olika mål.

Innehållskvalitet är en annan avgörande faktor. År 2024 är videoproduktionsstandarden hög och publiken förväntar sig visuellt tilltalande och tekniskt välproducerat innehåll. Detta betyder inte nödvändigtvis att varje video behöver ha en hög produktionsbudget, men den bör vara väldesignad, med bra ljus, tydligt ljud och sammanhållen berättande.

Att optimera videor för SEO (SEO) är också viktigt. Detta inkluderar att använda relevanta nyckelord i titlar, beskrivningar och taggar, samt att optimera för mobilsökningar och olika sociala medieplattformar. SEO hjälper till att se till att videor lätt kan upptäckas av målgrupper.

Slutligen är det viktigt att mäta och analysera videoprestanda för att förfina videoinnehållsstrategin. Varumärken bör spåra mätvärden som visningar, engagemang, visningstid och konverteringar för att utvärdera effektiviteten hos deras videor. Denna information hjälper till att anpassa framtida tillvägagångssätt och säkerställa att videor fortsätter att möta publikens behov och intressen.

Sammanfattningsvis kräver en effektiv videoinnehållsstrategi 2024 noggrann planering, publikförståelse, formatdiversifiering, kvalitetsproduktion, optimering för SEO och kontinuerlig prestandaanalys. Genom att använda dessa tillvägagångssätt kan varumärken skapa videor som inte bara fängslar och engagerar, utan som också avsevärt bidrar till deras övergripande marknadsföringsmål.

2.3.3. Plattformar och format

Under 2024 har landskapet av videomarknadsföringsplattformar och -format diversifierats avsevärt, vilket ger varumärken en mängd olika alternativ för att nå och engagera sin publik. Varje plattform har unika egenskaper och specifika format, anpassade för olika typer av innehåll och målgrupper. Att förstå dessa nyanser är viktigt för att maximera effekten av videomarknadsföringsstrategier.

YouTube fortsätter att dominera som den bästa videomarknadsföringsplattformen, tack vare sin stora publik och avancerade SEO-möjligheter. Det här är ett bra ställe för längre, djupgående videor, som tutorials, produktdemos eller webbseminarier. YouTube är också effektivt för branded storytelling och videoserier, vilket ger varumärken ett utrymme att bygga djupgående och engagerande storytelling.

Instagram, med sin tonvikt på bild, är perfekt för korta, kraftfulla videor. Instagram Stories och Reels erbjuder dynamiska format för snabbt, engagerande innehåll, perfekt för att fånga uppmärksamheten hos yngre publik. Dessa format är utmärkta för produktförhandsvisningar, ögonblick bakom kulisserna eller samarbeten med influencers.

TikTok har revolutionerat videolandskapet med sitt korta, virala videoformat. Det är en nyckelplattform för att nå Generation Z och skapa innehåll som snabbt kan bli viralt. Varumärken använder TikTok för utmaningar, danstrender och kreativt berättande som uppmuntrar användarengagemang och skapande av användargenererat innehåll.

LinkedIn har etablerat sig som en ledande plattform för professionellt och B2B-videoinnehåll. Videor på LinkedIn är idealiska för att dela expertinsikter, fallstudier och utbildningsinnehåll som bygger varumärkets trovärdighet och auktoritet i ett professionellt sammanhang.

Utanför dessa kärnplattformar erbjuder andra nya alternativ unika möjligheter. Till exempel öppnar plattformar som Twitch eller augmented/virtual reality-applikationer nya vägar för uppslukande och interaktiva upplevelser.

När det gäller formaten varierar de från livevideor, som tillåter interaktion i realtid med publiken, till 360°-videor som erbjuder en uppslukande upplevelse. Animerade videor är också populära för att förklara komplexa koncept på ett enkelt och visuellt tilltalande sätt.

Sammanfattningsvis, år 2024 måste valet av videomarknadsföringsplattform och format anpassas till varumärkets mål, innehållsbudskapet och målgruppens preferenser. En framgångsrik videomarknadsföringsstrategi involverar ofta en kombination av flera plattformar och format, som var och en bidrar till olika aspekter av varumärkesberättelse och publikengagemang. Genom att på ett klokt sätt utnyttja dessa olika alternativ kan varumärken skapa mer dynamiska, riktade och effektiva videomarknadsföringskampanjer.

2.3.4 Effektmätning och ROI

År 2024 har mätning av effekten och avkastningen på investeringen (ROI) av videomarknadsföringskampanjer blivit standardpraxis för företag som vill utvärdera effektiviteten i sina digitala strategier. Att förstå videornas verkliga inverkan på affärs- och marknadsföringsmål är avgörande för att motivera investeringar och vägleda framtida strategiska beslut.

Det första steget i att mäta effekten av videor är att definiera nyckelprestandaindikatorer (KPI:er) som är anpassade till de specifika kampanjmålen. Dessa nyckeltal kan inkludera mätvärden som antal visningar, engagemangsfrekvens (gillar, kommentarer, delningar), visningslängd och klickfrekvens på inbäddade länkar. För konverteringsfokuserade kampanjer är nyckeltal som konverteringsfrekvens, antal genererade leads eller försäljning direkt hänförlig till videon också viktiga.

Genom att analysera dessa nyckeltal kan

varumärken inte bara förstå hur många som såg videon, utan också hur de interagerade med den. Till exempel kan en hög visningsfrekvens men låg engagemang tyda på att videon väcker uppmärksamhet men inte uppmuntrar till handling. På samma sätt kan ett högt antal klick på en inbäddad länk indikera ett starkt intresse för produkten eller tjänsten som presenteras.

För att mäta ROI är det viktigt att relatera dessa nyckeltal till de faktiska kostnaderna för videoproduktion och distribution. Detta innebär att ta hänsyn till kreativa kostnader, inklusive produktion, redigering och eventuellt avgifter som betalas till influencers eller byråer. Genom att jämföra dessa kostnader med de genererade intäkterna eller värdet av potentiella kunder kan företag beräkna en korrekt ROI och förstå den ekonomiska effektiviteten av sina videokampanjer.

Avancerade analysverktyg spelar en avgörande roll för att mäta effekt och avkastning på investeringen. Plattformar som Google Analytics, integrerade analysverktyg för sociala medier och specialiserad programvara för videomarknadsföring ger detaljerade insikter om videoprestanda. Dessa verktyg spårar inte bara standard-KPI:er, utan möjliggör också djupare analyser, såsom spårning av användarresor, multitouch-attribution och analyser av tittarbeteende.

Slutligen är det viktigt att ta ett helhetsgrepp

när man mäter effekten av videor. Detta innebär att man överväger inte bara kvantitativa mätvärden utan även kvalitativa effekter, som att förbättra varumärkesmedvetenheten, konsumenternas varumärkesuppfattning och anpassa videoinnehåll till varumärkesvärden. Dessa kvalitativa aspekter, även om de är svårare att mäta, är viktiga för att förstå videornas fulla inverkan på den övergripande marknadsföringsstrategin.

Sammanfattningsvis kräver att mäta effekten och ROI av videomarknadsföringskampanjer 2024 en kombination av KPI-spårning, kostnadsanalys, användning av avancerade analysverktyg och holistisk utvärdering kvalitativ effekt. Genom att ta detta övergripande tillvägagångssätt kan företag inte bara motivera sina investeringar i videomarknadsföring, utan också förfina sina strategier för att maximera framtida effekt.

KAPITEL 3: NY TEKNIK OCH DIGITAL MARKNADSFÖRI NG

"Folk tror inte på det du gör, de tror på varför du gör det."

Simon Sinek

I 3.1 Artificiell intelligens och automation

3.1.1 AI i digital marknadsföring

År 2024 har integrationen av artificiell intelligens (AI) i digital marknadsföring revolutionerat hur företag interagerar med sina kunder och optimerar sina marknadsföringsstrategier. AI, med sina avancerade dataanalys-, maskininlärnings- och automationsmöjligheter, har öppnat nya vägar för personalisering, effektivitet och innovation inom digital marknadsföring.

Ett av de områden som påverkas mest av AI inom digital marknadsföring är personalisering i stor skala. Genom komplex dataanalys och naturlig språkbehandling gör AI det möjligt för varumärken att skapa mycket personliga användarupplevelser. Detta visar sig i produktrekommendationer på e-handelssajter, personligt anpassat innehåll i marknadsföringsmejl och riktade annonser på sociala medier. Genom att förstå användarpreferenser och beteenden hjälper AI varumärken att leverera rätt budskap, till rätt användare, vid rätt tidpunkt, vilket ökar engagemanget och konverteringen.

Automatisering, driven av AI, är ett annat nyckelområde. Repetitiva och tidskrävande uppgifter, som kundsegmentering, skicka e-post och hantera reklamkampanjer, kan automatiseras med hjälp av AI. Detta frigör värdefull tid för marknadsföringsteam, vilket gör att de kan fokusera på mer strategiska och kreativa aspekter av marknadsföring. Dessutom förbättrar automatisering effektiviteten och konsekvensen i marknadsföringskampanjer, minskar mänskliga fel och säkerställer ett snabbt och korrekt genomförande.

AI spelar också en avgörande roll i prediktiv analys. Genom att analysera enorma datamängder kan AI identifiera trender, förutsäga konsumentbeteenden och förutse framtida marknadsbehov. Denna förmåga gör det möjligt för företag att fatta proaktiva, informerade beslut, utveckla innovativa produkter och skapa marknadsföringskampanjer som möter förändrade konsumentförväntningar.

Dessutom förbättrar AI kundupplevelsen genom chatbots och virtuella assistenter. Dessa verktyg, som drivs av AI, erbjuder hjälp i realtid, svarar på kundfrågor och ger personlig support. Denna omedelbara, personliga interaktion förbättrar kundnöjdheten och stärker varumärkeslojalitet.

Slutligen hjälper AI att optimera marknadsföringskampanjer i realtid. Med hjälp av maskininlärning kan AI-system ständigt lära av tidigare interaktioner och justera marknadsföringsstrategier för att maximera effektiviteten. Oavsett om det handlar om att justera bud för onlineannonser eller att ändra kampanjinnehåll baserat på feedback från användare, säkerställer AI att kampanjer förblir relevanta och framgångsrika.

Sammanfattningsvis har integrationen av AI i digital marknadsföring 2024 förändrat hur företag närmar sig marknadsföring. Genom att erbjuda avancerad personalisering, automatisering, prediktiv analys, förbättring av kundupplevelsen och realtidsoptimeringsmöjligheter har AI blivit ett oumbärligt verktyg för marknadsförare som vill förbli konkurrenskraftiga i en ständigt föränderlig digital miljö.

3.1.2 Personalisering och AI

År 2024 har personalisering inom digital marknadsföring nått nya höjder tack vare den avancerade integrationen av artificiell intelligens (AI). AI har möjliggjort personalisering på en mycket djupare och mer sofistikerad nivå, förvandlat hur varumärken interagerar med sina kunder och levererar en mycket personlig och relevant användarupplevelse.

AI tillåter företag att samla in och analysera enorma mängder data om användarbeteenden, preferenser och interaktioner. Denna djupgående analysfunktion gör att du kan skapa detaljerade användarprofiler och förstå nyanserna av varje individs behov och önskemål. Med hjälp av denna information kan varumärken anpassa sina budskap, erbjudanden och innehåll på ett mycket mer exakt och relevant sätt för varje användare.

Till exempel inom e-handel används AI för att rekommendera personliga produkter. Genom att analysera surfbeteende, tidigare köp och produktinteraktioner kan AI-system föreslå artiklar som matchar kundernas individuella smaker och preferenser. Detta tillvägagångssätt är inte begränsat till produktrekommendationer; det sträcker sig också till att anpassa hela webbupplevelsen, inklusive webbplatslayout, visade kampanjer och till och med e-postkommunikation.

I innehåll möjliggör AI dynamisk innehållsanpassning. AI-system kan justera innehållet som visas på en webbplats eller app i realtid, baserat på användarinteraktioner. Detta innebär att varje användare får en unik och personlig innehållsupplevelse, vilket ökar engagemanget och relevansen.

AI spelar också en nyckelroll för att anpassa reklamkampanjer. Genom att analysera demografi, intressen och onlinebeteenden kan AI hjälpa till att rikta in annonser mer exakt, vilket säkerställer att meddelanden når de personer som mest sannolikt är intresserade. Detta riktade tillvägagångssätt förbättrar inte bara effektiviteten i reklamkampanjer, utan minskar också slöseriet med reklamresurser.

Dessutom förbättrar AI kundupplevelsen genom personliga interaktioner. AI-drivna chatbots och virtuella assistenter kan ge personlig kundsupport, svara på kunders specifika frågor och erbjuda rekommendationer baserat på deras preferenser och köphistorik.

Sammanfattningsvis har personalisering tack vare AI år 2024 förändrat digital marknadsföring på djupet. Det gör det möjligt för varumärken att skapa unika och relevanta användarupplevelser, förbättra kundengagemang och kundnöjdhet och optimera effektiviteten i marknadsföringskampanjer. Denna avancerade personalisering är inte bara fördelaktig för varumärken när det gäller att öka konverteringar och kundlojalitet, utan den förbättrar också den övergripande användarupplevelsen avsevärt.

3.1.3 Marketing automation

År 2024 har marknadsföringsautomatisering blivit en grundläggande del av digitala marknadsföringsstrategier, vilket gör det möjligt för företag av alla storlekar att optimera sina marknadsföringsinsatser, förbättra effektiviteten och anpassa kundinteraktioner i en aldrig tidigare skådad omfattning. Marketing Automation använder avancerad teknik för att hantera och utföra marknadsföringsuppgifter systematiskt och effektivt, och därigenom minska den manuella arbetsbelastningen och öka kampanjnoggrannheten.

En av de största fördelarna med marketing automation är dess förmåga att effektivt hantera kundinteraktioner över olika kanaler. Detta inkluderar att skicka personliga e-postmeddelanden, publicera innehåll på sociala medier, hantera onlineannonseringskampanjer och uppdatera webbplatser. Med automatisering kan dessa uppgifter schemaläggas och utföras automatiskt baserat på specifika triggers eller användarbeteenden, vilket säkerställer att rätt meddelande når rätt kund vid rätt tidpunkt. Marknadsföringsautomation är också avgörande för spårning och hantering av potentiella kunder. Automationssystem kan spåra användarinteraktioner med ett företags webbplats, e-postmeddelanden och sociala medier, och registrera värdefull data om potentiella kunders intressen och beteenden. Denna information används sedan för att segmentera leads och ytterligare personalisera marknadsföringsinsatser, vilket ökar chanserna för konvertering.

Dessutom spelar marketing automation en avgörande roll i analys och rapportering. Automationsverktyg ger detaljerad analys av kampanjresultat och ger insikter i aspekter som öppningsfrekvens för e-post, klickfrekvens, webbplatstrafik och omvandlingar. Dessa data gör det möjligt för marknadsförare att snabbt justera sina strategier, optimera aktuella kampanjer och fatta välgrundade beslut baserat på data.

Integreringen av artificiell intelligens i marknadsföringsautomation har också möjliggjort betydande framsteg inom personalisering och effektivitet. AI kan analysera stora mängder data för att identifiera trender, förutsäga kundbeteenden och automatisera komplexa marknadsföringsbeslut. Till exempel kan AI automatiskt rekommendera personliga produkter eller tjänster till enskilda kunder, baserat på deras köphistorik och preferenser. Slutligen, marknadsföringsautomation gör meddelanden konsekvent och konsekvent över alla kanaler. Genom att centralisera kampanj- och innehållshantering kan företag säkerställa att deras varumärkesbudskap förblir konsekvent, oavsett kundkontaktpunkt. Detta är viktigt för att bygga ett starkt och pålitligt varumärke.

Sammanfattningsvis, 2024 är marknadsföringsautomation en oumbärlig del av digital marknadsföring, och erbjuder betydande fördelar när det gäller effektivitet, personalisering, analys och konsekvens av budskap. Genom att införa automatisering kan företag inte bara effektivisera sin marknadsföring utan också leverera rikare och mer engagerande kundupplevelser.

3.1.4 Tillämpningsexempel

2024 har tillämpningen av artificiell intelligens (AI) och automatisering i digital marknadsföring visat sig genom olika innovativa och effektfulla exempel, som visar deras förmåga att omvandla företags marknadsföringsstrategier.

Ett anmärkningsvärt exempel är användningen av AI-drivna chatbots i kundtjänst. Dessa chatbots, integrerade i webbplatser och sociala medieplattformar, använder naturlig språkbehandling för att förstå och svara på kundfrågor i realtid. Till exempel kan ett e-handelsföretag använda en chatbot för att hjälpa kunder att hitta produkter, svara på frågor om beställningar eller lösa kundtjänstproblem. Dessa chatbots ger omedelbar hjälp, minskar väntetiden för kunder och frigör personalresurser för mer komplexa uppgifter.

Ett annat exempel är automatisering av e-postmarknadsföringskampanjer. Automatiseringssystem använder kundbeteendedata, som köphistorik och tidigare e-postinteraktioner, för att skicka personliga meddelanden. Till exempel, efter att en kund har köpt en produkt, kan AI utlösa en serie personliga e-postmeddelanden som erbjuder kompletterande tillbehör eller produkter, vilket ökar chansen till ytterligare försäljning.

AI används också för innehållsanpassning på webbplatser. Baserat på användarens surfbeteende, tidigare interaktioner och preferenser kan AI dynamiskt ändra innehållet som visas på webbplatsen, vilket skapar en mycket personlig upplevelse. Till exempel kan en resewebbplats visa personliga reseerbjudanden baserat på användarens tidigare visade destinationer eller resepreferenser.

Inom onlineannonsering har AI och automatisering möjliggjort realtidsoptimering av reklamkampanjer. AI-algoritmer analyserar kontinuerligt annonsresultat och justerar automatiskt budgivning, inriktning och innehåll för att maximera avkastningen på investeringen.

Till exempel kan en reklamkampanj på sociala medier ständigt justeras baserat på användarinteraktioner, vilket säkerställer att annonser alltid är relevanta och effektiva.

Slutligen används AI-baserad prediktiv analys för att förutse marknadstrender och konsumentbeteende. Genom att analysera stora mängder data kan företag förutsäga framtida kundbehov, identifiera nya marknadsmöjligheter och anpassa sina strategier därefter. Till exempel kan ett modemärke använda prediktiv analys för att förutse modetrender och anpassa sina kollektioner och inventarier därefter.

Dessa exempel illustrerar hur AI och automation förändrar digital marknadsföring 2024, ger mer personliga kundupplevelser, optimerar marknadsföringsoperationer och ger värdefulla insikter för beslutsfattande. Genom att använda dessa tekniker kan företag förbli konkurrenskraftiga i ett ständigt föränderligt digitalt landskap och leverera exceptionella kundupplevelser.

3.2 Augmenterad och virtuell verklighet

3.2.1 AR/VR i marknadsföring

År 2024 har förstärkt verklighet (AR) och virtuell verklighet (VR) tagit en framträdande plats inom digital marknadsföring, och erbjuder uppslukande och interaktiva upplevelser som omdefinierar kundernas engagemang. Antagandet av dessa teknologier har gjort det möjligt för varumärken att skapa innovativa reklamkampanjer, förbättra shoppingupplevelsen och stärka den känslomässiga kontakten med konsumenter.

AR, i synnerhet, har revolutionerat detaljhandeln. Varumärken använder AR för att tillåta kunder att virtuellt prova produkter innan de köper. Till exempel kan ett kosmetikamärke erbjuda en AR-applikation som låter användare se hur olika sminkprodukter skulle se ut i deras ansikte i realtid. På samma sätt använder möbelbutiker AR för att hjälpa kunder att visualisera hur möbler skulle passa in i deras vardagsrum. Dessa uppslukande shoppingupplevelser förbättrar inte bara kundnöjdheten utan minskar också avkastningen genom att ge en bättre förståelse för produkten.

I VR skapar varumärken kompletta varumärkesupplevelser som fördjupar användare i fullt designade världar. Till exempel kan ett bilföretag använda VR för att erbjuda kunderna en virtuell körupplevelse av sin senaste bilmodell. Rese- och turismföretag använder VR för att erbjuda virtuella turer till destinationer, så att kunderna kan uppleva resor innan de bokar. Dessa VR-upplevelser är inte bara engagerande, utan de hjälper också till att bygga upp förväntan och önskan om produkten eller tjänsten.

AR och VR används också för interaktiva

reklamkampanjer. Varumärken skapar annonser där användare kan interagera med AR-element eller fördjupa sig i VR-upplevelser. Dessa kampanjer fångar inte bara uppmärksamhet; de skapar bestående minnen och bygger varumärkesengagemang.

Dessutom erbjuder dessa teknologier unika möjligheter för varumärkesberättelse. Genom att använda AR och VR kan företag berätta historier på ett mer uppslukande och känslomässigt sätt. Ett varumärke kan till exempel använda VR för att transportera användare in i historien om företagets grundande eller för att visa effekten av dess hållbarhetsinitiativ.

Slutligen ger AR och VR värdefull information om användarbeteende. Varumärken kan spåra hur användare interagerar med AR/VR-upplevelser, vilka produkter de föredrar och hur mycket tid de spenderar med vissa funktioner. Dessa data kan användas för att förfina marknadsföringsstrategier och förbättra framtida upplevelser.

Sammanfattningsvis har integrationen av AR och VR i digital marknadsföring 2024 öppnat nya dimensioner av kundengagemang. Genom att erbjuda uppslukande shoppingupplevelser, interaktiva reklamkampanjer, fängslande berättandemöjligheter och värdefulla beteendeinsikter, möjliggör AR och VR varumärken att få kontakt med konsumenter på ett djupare och mer meningsfullt sätt.

3.2.2 Innovativa kampanjer

År 2024 har användningen av förstärkt verklighet (AR) och virtuell verklighet (VR) i marknadsföringskampanjer resulterat i anmärkningsvärt innovativa reklaminitiativ som förändrar hur varumärken interagerar med sin publik. Dessa teknologier har hjälpt till att skapa uppslukande och minnesvärda reklamupplevelser, som inte bara fångar konsumenternas uppmärksamhet, utan också stärker varumärkesengagemanget.

Ett slående exempel på en innovativ kampanj är ett modemärke som lanserade en AR-upplevelse som låter användare virtuellt se och prova kläder och accessoarer via sin smartphone. Denna kampanj genererade inte bara avsevärt buzz på grund av dess innovativa karaktär, utan ökade också konverteringsfrekvensen genom att ge kunderna en mer interaktiv och personlig shoppingupplevelse.

I underhållningsbranschen använde ett stort filmproduktionsbolag VR för att skapa en uppslukande upplevelse kopplad till släppet av en mycket efterlängtad film. Användare kunde utforska scener från filmen, interagera med berättelseelement och till och med delta i virtuella uppdrag. Den här kampanjen drev inte bara intresset för filmen, utan gav också en djup och engagerande varumärkesupplevelse som stärkte fansens lojalitet.

Ett bilföretag som förnyade sig genom att använda VR för att erbjuda virtuella provkörningar av sina nya modeller. Kunderna kunde sitta i en VR-simulator och uppleva en realistisk körupplevelse, inklusive känslan av att köra i olika terränger och i olika väderförhållanden. Detta tillvägagångssätt övervann inte bara begränsningarna med traditionella provkörningar, utan gjorde det också möjligt för varumärket att sticka ut på en konkurrensutsatt marknad.

Inom utbildningsområdet lanserade ett teknikföretag en VR-kampanj som syftade till att utbilda allmänheten om ny teknik. Användare kan delta i interaktiva simuleringar för att lära sig hur dessa tekniker fungerar och deras potentiella inverkan på samhället. Denna kampanj stärkte inte bara företagets position som ledande inom teknisk innovation, utan hjälpte också till att utbilda och engagera allmänheten i viktiga ämnen.

Slutligen använde ett skönhetsmärke AR för att skapa en interaktiv social mediakampanj, där användare kunde prova olika sminkprodukter virtuellt. Genom att dela sitt virtuella utseende på sociala medier kan användare delta i en tävling, öka varumärkets synlighet och uppmuntra konsumentengagemang.

Dessa exempel illustrerar hur AR och VR kan användas för att skapa marknadsföringskampanjer som inte bara är innovativa, utan också djupt engagerande. Genom att tillhandahålla uppslukande och interaktiva upplevelser gör dessa tekniker det möjligt för varumärken att få kontakt med sin publik på mer meningsfulla sätt, bygga varumärkesmedvetenhet och öka kundernas engagemang och lojalitet.

3.2.3 Integration med sociala nätverk

År 2024 har integrationen av förstärkt verklighet (AR) och virtuell verklighet (VR) med sociala medier öppnat nya vägar för digital marknadsföring, vilket skapar mer uppslukande och interaktiva användarupplevelser. Denna konvergens har gjort det möjligt för varumärken att få kontakt med sin publik på mer meningsfulla sätt, vilket förändrat hur användarna interagerar med innehåll på sociala plattformar.

Integreringen av AR i sociala nätverk har avsevärt revolutionerat användarens engagemang. Plattformar som Instagram och Snapchat har antagit AR för att tillåta användare att ha interaktiva upplevelser direkt från sin app. Till exempel använder skönhetsmärken AR-filter för att tillåta användare att virtuellt prova sminkprodukter, medan modeåterförsäljare erbjuder virtuella klädprover. Dessa AR-upplevelser ökar inte bara användarnas engagemang; de ger också värdefull insikt om konsumenternas preferenser, vilket är avgörande för riktade marknadsföringsstrategier.

VR, även om det är mindre utbrett på sociala medier på grund av dess mer uppslukande karaktär och behovet av specifik utrustning, har också hittat sin plats. Plattformar som Facebook Horizon och andra VR sociala utrymmen tillåter användare att fördjupa sig i virtuella miljöer där de kan interagera med varumärkesinnehåll på djupare sätt. Till exempel kan ett reseföretag skapa en VR-upplevelse där användare virtuellt kan utforska en destination, vilket ger en unik form av berättande och marknadsföring.

Integrationen av AR och VR med sociala medier har också banat väg för mer innovativa och engagerande reklamkampanjer. Varumärken kan skapa interaktiva AR-annonser som uppmuntrar användare att interagera med produkten på ett roligt sätt och därigenom öka varumärkesmedvetenheten och konsumentengagemang. Likaså kan VR-upplevelser som delas på sociala medier generera buzz och uppmuntra innehållsdelning, vilket utökar varumärkesräckvidden.

Dessutom möjliggör integration av dessa tekniker med sociala medier ökad personalisering av marknadsföring. Med hjälp av data som samlats in från användarinteraktioner med AR- och VR-upplevelser kan varumärken förfina sina marknadsförings- och innehållsstrategier för att bättre möta målgruppens intressen och behov.

Sammanfattningsvis har integrationen av AR och VR med sociala medier 2024 avsevärt berikat användarupplevelsen och erbjudit helt nya sätt att få kontakt med sin publik. Genom att skapa uppslukande och interaktiva upplevelser kan varumärken inte bara öka engagemanget och medvetenheten, utan också få värdefulla insikter om sina konsumenters preferenser, vilket är avgörande för framgång med digital marknadsföring i modern tid.

3.2.4 Framtiden för AR/VR inom marknadsföring

År 2024 ser framtiden för augmented reality (AR) och virtuell verklighet (VR) inom marknadsföring ljus ut och full av potential. Dessa teknologier fortsätter att utvecklas i snabb takt, vilket öppnar nya möjligheter för varumärken att skapa uppslukande och minnesvärda kundupplevelser. Effekten av AR och VR i marknadsföring sträcker sig långt bortom enkla tekniska prylar; de håller på att bli viktiga verktyg för varumärkesberättelse, kundengagemang och personlig marknadsföring.

En av de viktigaste utvecklingarna som förväntas i framtiden för AR och VR är deras ytterligare integration i konsumenternas dagliga liv. I takt med att tekniken förbättras och kostnaderna sjunker förväntas fler människor få tillgång till dessa upplevelser. Detta innebär att varumärken kommer att kunna nå en bredare och mer mångsidig publik och leverera AR- och VR-upplevelser i allt mer varierande sammanhang, från fysiska butiker till onlineplattformar.

En annan viktig aspekt av framtiden för AR och VR inom marknadsföring är förbättrad personalisering. Tack vare framsteg inom AI och maskininlärning kommer AR- och VR-upplevelser att kunna skräddarsys efter användarnas individuella preferenser, vilket ger en ännu mer personlig och relevant upplevelse. Till exempel kan en AR-upplevelse i butik rekommendera specifika produkter baserat på kundens köphistorik, medan en VR-upplevelse kan anpassas i realtid till användarnas reaktioner och interaktioner.

Framtiden kommer också att se en djupare integration av AR och VR i omnikanalstrategier. Varumärken kommer att försöka skapa konsekventa och uppkopplade upplevelser över olika kundkontaktpunkter, oavsett om de är fysiska butiker, webbplatser, mobilappar eller sociala medier. Denna omnikanalsmetod kommer att skapa en sömlös och integrerad kundresa, vilket stärker engagemang och varumärkeslojalitet.

Dessutom kan framtiden för AR och VR inom marknadsföring se uppkomsten av nya former av reklam och varumärkespartnerskap. Till exempel kan varumärken samarbeta med VR-spelplattformar för att skapa uppslukande varumärkesupplevelser, eller använda AR för att leverera interaktiva, personliga annonser i urbana miljöer.

Slutligen är det troligt att etiska frågor och integritetsfrågor kommer att spela en allt viktigare roll i användningen av AR och VR i marknadsföring. Varumärken måste vara uppmärksamma på hur de samlar in och använder användardata och se till att AR- och VR-upplevelser respekterar konsumenternas integritet och säkerhet.

Sammanfattningsvis är framtiden för AR och VR inom marknadsföring full av möjligheter. Dessa teknologier ger varumärken unika möjligheter att förnya sina marknadsföringsstrategier, skapa övertygande kundupplevelser och bygga varumärkesengagemang och lojalitet. Men för att dra full nytta av dessa möjligheter måste varumärken navigera i ett ständigt föränderligt landskap, vara uppmärksamma på tekniska framsteg, konsumenternas förväntningar och etiska överväganden.

3.3 Blockchain och marknadsföring

3.3.1 Blockchain förklaras

År 2024 har blockchain blivit ett hushållsbegrepp, men dess förståelse förblir ofta begränsad till området kryptovalutor. Blockchain har dock mycket större potential, särskilt inom digital marknadsföring. I sin kärna är blockchain en distribuerad ledger-teknologi som gör att data kan lagras säkert, transparent och oföränderligt. Denna teknik fungerar som en blockkedja (därav namnet), där varje block innehåller en uppsättning transaktioner eller information, kryptografiskt länkade till föregående block, och bildar på så sätt en kedja.

En av de främsta styrkorna med blockchain är dess decentraliserade karaktär. Till skillnad från traditionella databaser som hanteras av en central enhet, distribueras blockchain över ett nätverk av datorer, vilket gör data både säkrare och motståndskraftiga mot manipulation. Varje transaktion på blockkedjan verifieras av nätverkskonsensus, vilket garanterar äktheten och tillförlitligheten hos den registrerade informationen.

I marknadsföringssammanhang erbjuder blockchain flera fördelar. För det första säkerställer det ökad transparens. Företag kan använda blockchain för att skapa en transparent och verifierbar historia av sina produkter, från produktion till leverans. Detta kan vara särskilt användbart för varumärken som vill bevisa äktheten av sina produkter eller visa sitt engagemang för etiska och hållbara metoder.

För det andra erbjuder blockchain förbättrade möjligheter för datasäkerhet. I en värld där konsumentdataskydd är ett allt större problem kan blockchain erbjuda en säkrare lösning för att lagra och hantera kunddata. Detta kan bidra till att bygga upp konsumenternas förtroende för varumärken som använder denna teknik. Dessutom underlättar blockchain implementeringen av smarta kontrakt. Dessa självutförande kontrakt, som aktiveras när vissa villkor är uppfyllda, kan automatisera olika aspekter av marknadsföring och försäljning, såsom hantering av lojalitetsbelöningar, verifiering av upphovsrätt eller implementering av lojalitetsprogram.

Slutligen öppnar blockchain vägen för nya former av reklam och marknadsföring. Det kan till exempel användas för att skapa transparenta och säkra belöningssystem för konsumenter som delar sin data eller deltar i reklamkampanjer.

Sammanfattningsvis går blockchain i marknadsföring långt utöver kryptovalutor. Det erbjuder innovativa möjligheter för transparens, datasäkerhet, processautomation och skapandet av nya marknadsföringsstrategier. När tekniken fortsätter att utvecklas, växer dess potential inom marknadsföring bara, vilket ger företag unika möjligheter att få kontakt med sina kunder på ett säkrare och mer engagerande sätt.

3.3.2 Tillämpningar inom marknadsföring

År 2024 har blockchain hittat revolutionerande applikationer inom marknadsföring, vilket förändrat hur företag interagerar med konsumenter och hanterar data. Användningen av denna teknik i digital marknadsföring ger inte bara större transparens och säkerhet, utan banar också väg för mer innovativa och effektiva marknadsföringsmetoder.

En av de mest anmärkningsvärda tillämpningarna av blockchain i marknadsföring är lojalitets- och belöningshantering. Blockchain-baserade lojalitetsprogram tillåter företag att skapa transparenta och säkra belöningssystem. Konsumenter kan samla och lösa in lojalitetspoäng mer effektivt, med försäkran om att deras data och transaktioner är säkra och oföränderliga. Detta tillvägagångssätt bygger kundernas förtroende och förbättrar deras engagemang med varumärket.

Blockchain används också för att tillhandahålla insyn i leveranskedjan, vilket är särskilt relevant för varumärken fokuserade på hållbarhet och etik. Företag kan använda blockchain för att registrera och spåra ursprunget och resan för sina produkter, från källa till försäljning. Denna transparens gör det möjligt för konsumenter att verifiera produkternas äkthet och företagets hållbara metoder, och därigenom bygga förtroende och varumärkeslojalitet.

Inom området digital reklam erbjuder blockchain lösningar för att bekämpa reklambedrägerier och förbättra insynen i reklamtransaktioner. Genom att använda blockchain kan företag säkerställa att deras annonser visas på ett säkert sätt och att visnings- och klickdata är tillförlitliga och manipulationssäkra. Detta möjliggör bättre optimering av reklamkampanjer och effektivare allokering av reklambudgetar.

Blockchain underlättar även implementeringen av smarta kontrakt i marknadsföringskampanjer. Dessa automatiserade kontrakt kan användas för att hantera affärer med influencers, sammarknadsföringspartnerskap eller affiliateprogram. Smarta kontrakt säkerställer att alla parter håller sina åtaganden och att betalningar eller belöningar delas ut automatiskt när villkoren är uppfyllda, vilket förenklar processer och minskar risken för bristande efterlevnad.

Dessutom möjliggör blockchain säkrare hantering av kunddata. I ett sammanhang där skyddet av personuppgifter har blivit ett stort problem erbjuder blockchain en lösning för att lagra och hantera data på ett säkert och transparent sätt. Detta kan hjälpa företag att följa dataskyddsbestämmelserna och samtidigt bygga upp konsumenternas förtroende.

Sammanfattningsvis är tillämpningarna av blockchain i digital marknadsföring 2024 enorma och varierande. Blockchain erbjuder företag kraftfulla verktyg för att förbättra sina marknadsföringsstrategier, bygga upp konsumenternas förtroende och optimera effektiviteten hos sina kampanjer, från lojalitetsprogramhantering till transparens i leveranskedjan, bekämpning av annonsbedrägerier och säker datahantering. När tekniken fortsätter att utvecklas kommer dess potential inom digital marknadsföring bara att växa, vilket ger ännu fler innovativa möjligheter för varumärken.

3.3.3 Öppenhet och säkerhet

År 2024 har transparens och säkerhet i digital marknadsföring fått ökad betydelse, och blockchain är kärnan i denna utveckling. Blockchains unika förmåga att tillhandahålla oöverträffad transparens och förbättrad säkerhet har förändrat hur företag hanterar data och interagerar med konsumenter.

Transparens är en av de främsta fördelarna med blockchain i marknadsföring. Tack vare dess distribuerade och oföränderliga huvudbok är varje transaktion eller interaktion som registreras på blockkedjan transparent och verifierbar av alla nätverksdeltagare. Denna funktion är särskilt fördelaktig för varumärken som vill visa sitt engagemang för etiska och hållbara metoder. Till exempel kan ett företag använda blockchain för att spåra ursprunget och resan för sina produkter, vilket ger konsumenterna möjlighet att verifiera produktens äkthet och varumärkespåståenden om hållbarhet. Denna transparens bygger konsumenternas förtroende och förbättrar varumärkets image.

När det gäller säkerhet erbjuder blockchain

en högre nivå av dataskydd än traditionella metoder. Data som lagras i blockkedjan krypteras och distribueras över ett decentraliserat nätverk, vilket gör det praktiskt taget manipuleringssäkert. Denna förbättrade säkerhet är väsentlig i ett sammanhang där dataintrång och integritetsproblem är vanliga. Företag kan lagra kunddata säkert i blockkedjan, vilket säkerställer att känslig information skyddas och bygger kundernas förtroende.

Blockchain bidrar också till säkerhet och transparens inom området digital reklam. Det hjälper till att bekämpa annonsbedrägerier genom att tillhandahålla en transparent och manipuleringssäker registrering av annonsvisningar, klick och omvandlingar. Detta gör att annonsörer kan se till att deras annonsbudgetar används effektivt och att kampanjresultaten är autentiska. Denna transparens hjälper också till att bygga förtroende mellan annonsörer, publicister och konsumenter.

Dessutom underlättar blockchain implementeringen av smarta kontrakt i marknadsföringskampanjer. Dessa automatiserade kontrakt, utförda på blockchain, säkerställer att alla parter respekterar sina åtaganden. Till exempel, i en affiliatekampanj kan ett smart kontrakt automatiskt utlösa en utbetalning när en försäljning har bekräftats, vilket säkerställer rättvis och transparent kompensation för alla inblandade parter.

Sammanfattningsvis är transparensen och säkerheten som blockchain medför i digital marknadsföring 2024 stora tillgångar för företag. Genom att anta denna teknik kan varumärken inte bara bygga upp konsumenternas förtroende utan också förbättra effektiviteten och äktheten i sina marknadsföringskampanjer. Blockchain erbjuder en robust lösning för att navigera i ett digitalt landskap där dataskydd och transparens i verksamheten värderas allt mer av konsumenter och tillsynsmyndigheter.

3.3.4 Fallstudier

År 2024 illustrerar flera fallstudier blockchains revolutionerande inverkan på digital marknadsföring, och visar hur olika företag har anammat denna teknik för att förbättra transparensen, säkerheten och effektiviteten i sina marknadsföringsstrategier.

En anmärkningsvärd fallstudie är den av ett stort lyxvarumärke som använde blockchain för att bekämpa förfalskning och bygga upp konsumenternas förtroende. Varumärket har integrerad blockchain-teknik för att skapa ett spårbarhetssystem för sina produkter, från tillverkning till försäljning. Varje produkt åtföljdes av ett digitalt certifikat lagrat på blockkedjan, vilket garanterar dess äkthet. Detta initiativ bidrog inte bara till att skydda varumärket mot förfalskning, utan ökade också konsumenternas förtroende för produkternas äkthet och kvalitet.

Ett annat exempel är ett företag inom livsmedelsindustrin som använde blockchain för att ge transparens i sin leveranskedja. Företaget registrerade alla stadier av produktion, transport och distribution av sina produkter på en allmänt tillgänglig blockchain. Konsumenter kunde skanna en QR-kod på produkter för att få tillgång till hela leveranskedjans historia. Denna transparens har inte bara förbättrat konsumenternas förtroende, utan också gjort det möjligt för företaget att sticka ut på en marknad som alltmer fokuserar på hållbarhet och etik.

I den digitala reklambranschen använde en innovativ kampanj blockchain för att skapa ett transparent och säkert belöningssystem för användare som delar sin data. Användare kan välja att dela en del av sin data i utbyte mot blockchain-tokens, som kan användas för köp eller tjänster inom varumärkets ekosystem. Detta tillvägagångssätt gjorde det möjligt för företaget att samla in värdefull data samtidigt som man respekterade användarnas integritet och belönade dem för deras deltagande.

En annan fallstudie gäller ett teknikföretag som implementerade smarta kontrakt för att hantera sina affiliatepartnerskap. Smarta kontrakt automatiserade provisionsbetalningsprocessen, vilket säkerställde att affiliates betalades rättvist och öppet baserat på gjorda försäljningar. Denna automatisering minskade inte bara de administrativa kostnaderna, utan stärkte också partnerrelationerna genom större transparens och tillförlitlighet.

Slutligen använde ett underhållningsföretag blockchain för att skapa en unik fanupplevelse. Fans kunde köpa blockchain-tokens som gav dem tillgång till exklusivt innehåll, speciella evenemang och direkta interaktioner med artister. Denna strategi genererade inte bara nya intäktsströmmar för företaget, utan skapade också en mer engagerad och lojal fangemenskap.

Dessa fallstudier visar blockchains mångsidighet och effektivitet i olika aspekter av digital marknadsföring. Från produktspårbarhet till konsumentdatahantering, reklam och engagemang av fans, blockchain erbjuder innovativa sätt för företag att förbättra transparensen, säkerheten och effektiviteten i deras marknadsföringsverksamhet. När tekniken fortsätter att utvecklas, växer dess potential inom marknadsföring bara, vilket ger allt fler innovativa möjligheter för varumärken.

KAPITEL 4:
ANALYS OCH
DATAVETENSKAP

"Kreativitet handlar bara om att koppla ihop saker. När du frågar kreativa människor hur de gjorde något, känner de sig lite skyldiga eftersom de inte riktigt gjorde det, de såg bara något."

Steve Jobs

4.1 Big Data i digital marknadsföring

4.1.1 Introduktion till Big Data

År 2024 har Big Data blivit en viktig del av digital marknadsföring, och spelar en avgörande roll för hur företag förstår, interagerar med och reagerar på sina kunder. Termen "Big Data" hänvisar till extremt stora datamängder som analyseras med avancerad teknik för att avslöja trender, mönster och associationer, särskilt med avseende på mänskligt beteende och interaktioner.

Införandet av Big Data i digital marknadsföring har markerat en betydande förändring i affärsbeslut och strategi. Med tillgång till en enorm mängd information från en mängd olika källor – sociala medier, onlinetransaktioner, mobildata och mer – kan företag nu få en djup förståelse för sina kunders behov, preferenser och beteenden. Denna mängd information gör att marknadsförare kan skapa mer riktade kampanjer, anpassa kundupplevelser och optimera marknadsföringsstrategier för maximal effektivitet.

Big Data i digital marknadsföring är inte begränsad till att samla in stora mängder data; det handlar också om förmågan att analysera och tolka dessa data för att få handlingsbara insikter. Användningen av avancerade analysverktyg, artificiell intelligens och maskininlärning gör det möjligt för företag att snabbt bearbeta och analysera stora datamängder och omvandla rå information till värdefulla insikter.

Detta datadrivna tillvägagångssätt möjliggör mer exakt marknadssegmentering, bättre förståelse för kundresan och realtidsoptimering av marknadsföringskampanjer. Genom att till exempel analysera användarbeteendedata på en webbplats kan ett företag identifiera friktionspunkter i köpresan och göra förbättringar för att öka konverteringsfrekvensen.

Dessutom spelar Big Data en nyckelroll för att förutsäga framtida konsumenttrender och beteenden. Genom att identifiera mönster i historisk data kan företag förutse framtida kundbehov, anpassa sina produkter och tjänster därefter och ligga steget före konkurrenterna.

Sammanfattningsvis har Big Data radikalt förändrat det digitala marknadsföringslandskapet, vilket ger företag oöverträffade möjligheter att effektivt förstå och svara på sina kunder. Genom att utnyttja kraften i Big Data kan företag inte bara förbättra sina marknadsföringsstrategier, utan också stärka sin marknadsposition och skapa mer berikande och personliga kundupplevelser.

4.1.2 Datainsamling och hantering

År 2024 har datainsamling och hantering som en del av Big Data blivit avgörande aspekter av digital marknadsföring, som kräver noggrann och strategisk uppmärksamhet. Ett företags förmåga att effektivt samla in relevant data och hantera den på ett ansvarsfullt och effektivt sätt är avgörande för att realisera Big Datas fulla potential.

Datainsamling inom digital marknadsföring sker över en mängd kanaler. Företag samlar in information från användarinteraktioner på webbplatser, mobilappar, sociala medier, onlinetransaktioner och till och med anslutna enheter som en del av Internet of Things (IoT). Varje interaktion ger värdefull data som kan inkludera information om surfvanor, köppreferenser, sökbeteenden och reaktioner på marknadsföringskampanjer. För att maximera effektiviteten av datainsamlingen använder företag avancerade verktyg som cookies, spårningspixlar och webbanalysmjukvara.

Det räcker dock inte att bara samla in data. Effektiv hantering av dessa data är lika avgörande. Det handlar om att organisera, lagra och analysera insamlad data så att den är tillgänglig, användbar och säker. Företag måste implementera robusta datahanteringssystem som kan lagra stora mängder data samtidigt som de säkerställer dess integritet och konfidentialitet. Detta inkluderar användningen av skalbara databaser, molnlagringslösningar och datahanteringssystem som möjliggör snabb åtkomst och analys av data.

Datasäkerhet är en annan viktig aspekt av datahantering. Med ökande dataintegritetsproblem och strikta regler som GDPR på plats, måste företag säkerställa att data samlas in, lagras och används på ett överensstämmande och säkert sätt. Detta innebär att implementera robusta säkerhetsprotokoll, datakryptering och tydliga datasekretesspolicyer.

Dessutom är datakvalitet avgörande för korrekta analyser. Företag måste ha processer på plats för att rensa och validera data, eliminera dubbletter, korrigera fel och säkerställa att data är uppdaterade och korrekta. God datakvalitet säkerställer att insikter från analyser är tillförlitliga och relevanta.

Slutligen innebär datahantering också att analysera och tolka data för att få handlingsbara insikter. Företag använder avancerade dataanalysverktyg, inklusive artificiell intelligens och maskininlärning, för att analysera trender, identifiera mönster och förutsäga konsumentbeteenden. Dessa analyser gör det möjligt för företag att fatta välgrundade beslut, anpassa kundupplevelser och optimera marknadsföringsstrategier.

Sammanfattningsvis är insamling och hantering av data inom ramen för Big Data grundläggande delar av digital marknadsföring 2024. Effektiv datahantering gör det möjligt för företag att maximera användningen av insamlad information, förbättra beslutsfattandet, stärka säkerhet och efterlevnad, och leverera mer personliga och engagerande kundupplevelser.

4.1.3 Dataanalys för marknadsföring

År 2024 har dataanalys blivit en central pelare i digital marknadsföring, vilket gör det möjligt för företag att omvandla enorma mängder rådata till värdefulla, handlingsbara insikter. Denna förmåga att analysera och tolka data är avgörande för att förstå konsumentbeteenden, optimera marknadsföringsstrategier och förbättra affärsresultat.

Dataanalys i digital marknadsföring innebär användning av sofistikerade tekniker och verktyg för att undersöka data som samlats in från olika källor. Detta inkluderar webbläsningsdata, interaktioner med sociala medier, köphistorik, svar på reklamkampanjer och mycket mer. Genom att analysera dessa data kan företag identifiera trender, beteendemönster, konsumentpreferenser och marknadsmöjligheter. Analys av klickströmsdata kan till exempel avslöja de vanligaste vägarna kunder tar genom en webbplats, vilket hjälper till att optimera användarupplevelsen och öka konverteringsfrekvensen.

En av de mest kraftfulla aspekterna av dataanalys är marknadssegmentering. Genom att segmentera konsumenter i grupper baserat på kriterier som ålder, kön, geografisk plats, intressen och köpbeteenden kan företag skapa riktade och personliga marknadsföringskampanjer. Detta riktade tillvägagångssätt är inte bara mer kostnadseffektivt, utan det ökar också relevansen och effektiviteten av marknadsföringsbudskap, vilket förbättrar kundernas engagemang och lojalitet.

Predictive analytics, en gren av dataanalys, spelar också en avgörande roll i digital marknadsföring. Med hjälp av statistiska modeller och maskininlärningsalgoritmer kan företag förutsäga framtida trender, konsumentbeteenden och resultat av marknadsföringskampanjer. Till exempel kan prediktiv analys hjälpa till att förutse vilka produkter en kund sannolikt kommer att köpa härnäst, vilket gör att företag kan ge personliga och aktuella rekommendationer.

Dessutom hjälper dataanalys att mäta och optimera avkastningen på investeringen (ROI) av marknadsföringskampanjer. Genom att spåra nyckeltal som klickfrekvens, konverteringsfrekvens, kostnad per förvärv och kundlivstidsvärde kan företag utvärdera effektiviteten av sina kampanjer och justera sina strategier för att maximera avkastningen på investeringen. Detta datadrivna tillvägagångssätt säkerställer att marknadsföringsresurser allokeras på ett sätt som genererar bästa möjliga avkastning.

Slutligen möjliggör dataanalys snabbare och mer informerat beslutsfattande. Med tillgång till realtidsinsikter kan företag reagera snabbt på marknadsförändringar, konsumentbeteenden och kampanjresultat. Denna smidighet är avgörande i en ständigt föränderlig affärsmiljö, där förmågan att anpassa sig snabbt kan vara en nyckelfaktor för framgång.

Sammanfattningsvis är dataanalys för marknadsföring 2024 ett dynamiskt och viktigt område som gör det möjligt för företag att effektivt navigera i det komplexa digitala marknadsföringslandskapet. Genom att omvandla data till värdefulla insikter kan företag skapa mer riktade, personliga och effektiva marknadsföringsstrategier, vilket förbättrar kundernas engagemang och affärsresultat.

4.1.4 Sekretess och etik

År 2024 har integritets- och etiska överväganden i samband med dataanalys i digital marknadsföring blivit stora orosmoment för företag och konsumenter. Med den ökade insamlingen och analysen av stora data är det absolut nödvändigt att företag närmar sig dessa frågor på ett ansvarsfullt sätt för att behålla konsumenternas förtroende och följa gällande regler.

Konsumenternas integritet är kärnan i etiska problem relaterade till dataanalys. Företag måste säkerställa att personuppgifter samlas in, lagras och används på ett sätt som respekterar individers integritet. Detta innebär att implementera robusta säkerhetsprotokoll för att skydda data från obehörig åtkomst eller intrång, och säkerställa att data är krypterad och säker. Dessutom måste företag vara transparenta om hur data samlas in och används, och skaffa uttryckligt samtycke från konsumenter för dess behandling.

Det är också viktigt att följa dataskyddsbestämmelser, såsom EU:s allmänna dataskyddsförordning (GDPR) eller California Consumer Privacy Act (CCPA). Dessa regler ställer strikta krav på hanteringen av personuppgifter, inklusive rätten för konsumenter att få veta vilka uppgifter som samlas in om dem, att begära radering av deras uppgifter och att välja bort användningen för marknadsföringsändamål. Företag måste se till att de följer dessa regler helt för att undvika betydande påföljder och bevara sitt rykte.

Dessutom går etiska överväganden utöver enkel laglig efterlevnad. Företag måste ta ett etiskt förhållningssätt till sin användning av data, för att säkerställa att insikter från dataanalys inte används för att manipulera eller utnyttja konsumenter. Detta inkluderar att undvika metoder som alltför påträngande inriktning, databaserad diskriminering eller oetiskt användande av känslig data.

Vikten av etik i dataanalys är också kopplat till att bygga konsumenternas förtroende. I en miljö där oron för integritet och datasäkerhet är stor, kan företag som visar ett engagemang för etiska och ansvarsfulla metoder differentiera sig och bygga kundlojalitet.

Sammanfattningsvis är integritet och etik i dataanalys för digital marknadsföring 2024 viktiga aspekter som företag måste ta itu med på allvar. Genom att anta ansvarsfulla och kompatibla datahanteringsmetoder, och åta sig att använda data etiskt och transparent, kan företag inte bara följa regler, utan också bygga upp kundernas förtroende och lojalitet.

4.2 Prediktiv analys och beteendeanalys

4.2.1 Grunderna för prediktiv analys

År 2024 har prediktiv analys blivit ett viktigt verktyg inom digital marknadsföring, vilket gör det möjligt för företag att förutsäga framtida trender, konsumentbeteenden och kampanjresultat. Baserat på användningen av data, statistik och maskininlärningsmodeller hjälper prediktiv analys företag att förutse kundernas behov och önskemål, optimera marknadsföringsstrategier och fatta välgrundade beslut.

Prediktiv analys bygger på insamling och analys av stora mängder historiska och aktuella data. Dessa data kan inkludera information om kundtransaktioner, interaktioner med webbplatser och sociala medier, köpvanor och till och med extern data som ekonomiska trender eller väderförhållanden. Genom att analysera dessa data kan företag identifiera mönster och trender som hjälper dem att förstå tidigare och nuvarande konsumentbeteende.

När dessa mönster väl har identifierats använder prediktiv analys olika statistiska och maskininlärningstekniker för att skapa prediktiva modeller. Dessa modeller kan förutsäga framtida resultat baserat på historiska data. Till exempel kan en förutsägande modell användas för att förutse vilka kunder som sannolikt kommer att reagera positivt på en viss marknadsföringskampanj, vad oddsen är för att churning från en tjänst eller vilka produkter en kund sannolikt kommer att köpa härnäst.

En av de viktigaste fördelarna med prediktiv analys är dess förmåga att hjälpa företag att fatta proaktiva snarare än reaktiva beslut. Istället för att vänta på att trender ska dyka upp kan företag använda prediktiv analys för att förutse marknadsförändringar och anpassa sina strategier därefter. Detta kan leda till bättre resursallokering, mer riktade marknadsföringskampanjer och en övergripande förbättring av operativ effektivitet.

Dessutom spelar prediktiv analys en avgörande roll i marknadsföringspersonalisering. Genom att förstå individuella kunders beteenden och preferenser kan företag skapa personliga upplevelser som ökar kundernas engagemang och lojalitet. Till exempel, genom att förutsäga en kunds produktpreferenser, kan ett företag anpassa sina produktrekommendationer, vilket ger en mer relevant och tillfredsställande shoppingupplevelse.

Sammanfattningsvis ligger grunden för prediktiv analys inom digital marknadsföring 2024 i förmågan att omvandla stora mängder data till värdefulla och prediktiva insikter. Genom att förutse framtida trender och förstå konsumentbeteenden kan företag optimera sina marknadsföringsstrategier, leverera personliga kundupplevelser och förbli konkurrenskraftiga på en ständigt föränderlig marknad.

4.2.2 Förstå konsumentbeteende

År 2024 har förståelsen av konsumentbeteende blivit en grundläggande aspekt av digital marknadsföring, vilket gör det möjligt för företag att skapa mer effektiva och personliga strategier. Analys av konsumentbeteende involverar en fördjupad studie av kundernas handlingar, motivationer, preferenser och köpbeslut, med hjälp av en kombination av kvantitativa och kvalitativa data.

Att analysera konsumentbeteenden börjar med att samla in data över olika kontaktpunkter. Detta inkluderar interaktioner på webbplatser, mobilapplikationer, sociala nätverk, fysiska försäljningsställen och kundtjänstinteraktioner. Denna data ger värdefulla insikter om hur konsumenter interagerar med varumärket, de produkter de föredrar, vägarna de tar innan de gör ett köp och de faktorer som påverkar deras köpbeslut.

Genom att använda avancerade analysverktyg kan företag dechiffrera dessa enorma datamängder för att identifiera trender och mönster. Analys av klickströmmar på webbplatser kan till exempel avslöja viktiga stadier där kunder överger sin varukorg, medan analys av interaktioner med sociala medier kan ge insikter om konsumenternas attityder och uppfattningar om varumärket.

Utöver kvantitativ data innebär förståelse av konsumentbeteende också att analysera kvalitativ data, såsom kundrecensioner, recensioner och feedback. Denna kvalitativa information ger djupare insikt i kunders motivation, behov och bekymmer, och kompletterar kvantitativ data för att skapa en komplett bild av konsumentbeteende. Beteendeanalys hjälper också att segmentera kunder i distinkta grupper baserat på deras beteenden, preferenser och demografi. Denna segmentering gör det möjligt för företag att rikta sina marknadsföringsbudskap mer exakt, skapa kampanjer som resonerar med de specifika behoven och önskemålen för varje segment.

Dessutom är förståelse för konsumentbeteende viktigt för personalisering. Genom att identifiera individuella preferenser och köpbeteenden kan företag anpassa sina erbjudanden, rekommendationer och kommunikationer för varje kund. Detta personliga tillvägagångssätt ökar inte bara effektiviteten i marknadsföringskampanjer, utan förbättrar också kundupplevelsen och stärker därigenom lojalitet och tillfredsställelse.

Sammanfattningsvis är att förstå konsumentbeteende 2024 avgörande för framgång med digital marknadsföring. Genom att kombinera kvantitativ och kvalitativ dataanalys kan företag få en djupare förståelse för sina kunder, vilket gör det möjligt för dem att skapa mer riktade, personliga och effektiva marknadsföringsstrategier. Detta kundcentrerade tillvägagångssätt är avgörande för att bygga varaktiga relationer och förbli konkurrenskraftig på en ständigt föränderlig marknad.

4.2.3 Verktyg och tekniker

År 2024 används en mängd olika verktyg och tekniker för att utföra prediktiv analys och beteendeanalys inom digital marknadsföring. Dessa verktyg och tekniker gör det möjligt för företag att effektivt samla in, analysera och tolka data för att förstå och förutse konsumentbeteenden.

Avancerade verktyg för dataanalys är kärnan i prediktiv analys och beteendeanalys. Plattformar som Google Analytics, Adobe Analytics och andra specialiserade verktyg ger detaljerade insikter om användarbeteende online. Dessa verktyg låter dig spåra användarresor på webbplatser, analysera konverteringsfrekvenser, mäta engagemang på olika sidor och förstå navigeringsmönster. De erbjuder också avancerade segmenteringsfunktioner, vilket gör att företag kan rikta in sig på specifika grupper av kunder baserat på deras beteende.

Artificiell intelligens (AI) och maskininlärning

är också viktiga komponenter i prediktiv analys. Dessa tekniker gör det möjligt för företag att bearbeta stora mängder data och identifiera komplexa mönster som skulle vara svåra att upptäcka manuellt. Till exempel kan maskininlärningsalgoritmer förutsäga framtida kundbeteenden, såsom köp eller churn-sannolikheter, baserat på historiska data.

Verktyg för kundrelationshantering (CRM) spelar en avgörande roll i beteendeanalys. Dessa system hjälper företag att samla in och hantera detaljerad information om sina kunder, inklusive tidigare interaktioner, preferenser och köphistorik. Genom att integrera CRM-data med analysverktyg kan företag få en 360-graders bild av sina kunder, vilket är avgörande för effektiv personalisering.

Sociala medieplattformar och analysverktyg för sociala medier tillhandahåller också värdefull data för beteendeanalys. Dessa verktyg gör det möjligt för företag att övervaka varumärkesomnämnanden, analysera användarsentiment och spåra trender på sociala medier. Dessa insikter hjälper företag att förstå konsumenternas attityder och uppfattningar om deras varumärke och produkter.

Slutligen används datavisualiseringstekniker för att presentera resultaten av analysen på ett begripligt och handlingsbart sätt. Verktyg som Tableau, Qlik eller Microsoft Power BI tillåter företag att skapa interaktiva instrumentpaneler och visuella rapporter, vilket gör det lättare att tolka data och fatta datadrivna beslut.

Sammanfattningsvis är verktygen och teknikerna för prediktiv analys och beteendeanalys 2024 varierande och sofistikerade, allt från dataanalys och CRM-verktyg till AI och maskininlärning, verktyg för sociala medier och datavisualisering. Effektiv användning av dessa verktyg gör det möjligt för företag att på djupet förstå sina kunder, förutsäga framtida trender och skapa mer riktade och personliga marknadsföringsstrategier.

4.2.4 Fallstudier

Under 2024 illustrerar flera fallstudier den betydande effekten av prediktiv och beteendeanalys i digital marknadsföring, och visar hur olika företag har använt dessa tillvägagångssätt för att förbättra sin förståelse för konsumenter och optimera sina marknadsföringsstrategier.

Ett anmärkningsvärt exempel är ett stort e-handelsföretag som använde prediktiv analys för att anpassa produktrekommendationer för sina kunder. Genom att analysera historiska köpdata, surfpreferenser och användarinteraktioner med produkter kunde företaget skapa maskininlärningsalgoritmer för att förutsäga vilka produkter som skulle vara mest intressanta för varje kund. Detta personliga tillvägagångssätt ökade inte bara konverteringsfrekvensen utan förbättrade också kundernas shoppingupplevelse och stärkte därmed deras varumärkeslojalitet.

Inom finansbranschen implementerade en bank beteendeanalystekniker för att upptäcka och förhindra bedrägerier. Genom att analysera kundtransaktionsmönster och surfbeteenden kunde banken identifiera misstänkta aktiviteter som avvek från normala kundbeteenden. Denna proaktiva bedrägeriupptäckt hjälpte banken att skydda sina kunder och minska ekonomiska förluster på grund av bedrägliga aktiviteter.

En annan fallstudie involverar ett telekommunikationsföretag som använde prediktiv analys för att minska churn. Genom att analysera kunddata, såsom tjänsteanvändning, kundtjänstinteraktioner och orsaker till klagomål, kunde företaget identifiera kunder som riskerade churn. Genom att rikta in sig på dessa kunder med personliga erbjudanden och proaktiva interventioner kunde företaget förbättra kundnöjdheten och avsevärt minska sin churn rate.

På hälsoområdet använde ett läkemedelsföretag beteendeanalys för att optimera sina medvetenhetskampanjer. Genom att analysera data om sökvanor online och interaktioner med sociala medier kunde företaget identifiera patientgrupper som mest sannolikt var intresserade av dess mediciner. Riktade kampanjer förbättrade inte bara effektiviteten i marknadsföringsinsatser, utan hjälpte också patienterna att få tillgång till information och behandlingar de behövde snabbare.

Slutligen använde ett underhållningsföretag prediktiv analys för att optimera sin innehållsprogrammering. Genom att analysera visningsdata, användarpreferenser och marknadstrender kunde företaget förutsäga vilka innehållsgenrer som skulle vara mest populära och planera sin programmering därefter. Denna datadrivna strategi har gjort det möjligt för företaget att attrahera och behålla en bredare publik och därigenom öka dess framgång och lönsamhet.

Dessa fallstudier visar hur prediktiv analys och beteendeanalys kan tillämpas i olika branscher för att förbättra konsumenternas förståelse, optimera marknadsföringsstrategier och förbättra affärsresultat. Genom att utnyttja kraften i data kan företag fatta mer välgrundade beslut, leverera personliga kundupplevelser och förbli konkurrenskraftiga i en ständigt föränderlig affärsmiljö.

4.3 Verktyg för dataanalys och tolkning

4.3.1 Översikt över analysverktyg

År 2024 är utbudet av dataanalys- och tolkningsverktyg tillgängliga för digital marknadsföring bredare och mer sofistikerade än någonsin. Dessa verktyg spelar en avgörande roll för att hjälpa företag att omvandla de stora mängderna data som samlas in till handlingsbara och strategiska insikter. De varierar i komplexitet och funktionalitet, från grundläggande dataanalyslösningar till avancerade plattformar som integrerar artificiell intelligens och maskininlärning.

Webbanalysverktyg, som Google Analytics, är fortfarande viktiga för att övervaka och analysera webbtrafik. De ger detaljerad information om användarbeteende på webbplatser, inklusive besökta sidor, sessionslängd, avvisningsfrekvens och omvandlingsvägar. Dessa verktyg är viktiga för att förstå hur användare interagerar med en webbplats och för att identifiera optimeringsmöjligheter för att förbättra användarupplevelsen och öka antalet konverteringar.

För analys av sociala medier erbjuder verktyg som Hootsuite, Sprout Social och Buffer funktionalitet för att spåra och analysera prestanda över olika sociala medieplattformar. Dessa verktyg gör det möjligt för företag att övervaka varumärkesomnämnanden, analysera användarengagemang, spåra följartillväxt och mäta effektiviteten av kampanjer i sociala medier. De är avgörande för att anpassa innehåll och engagemangstrategier på sociala medier.

Avancerade dataanalysplattformar, som Tableau, Qlik och Microsoft Power BI, möjliggör djupare datavisualisering och analys. Dessa verktyg ger kraftfulla datavisualiseringsmöjligheter, vilket gör att företag kan skapa interaktiva instrumentpaneler och anpassade rapporter. De är särskilt användbara för flerdimensionella analyser och för att få insikter från stora mängder data.

Integreringen av artificiell intelligens och maskininlärning i analysverktyg har också öppnat nya möjligheter. Plattformar som IBM Watson och Salesforce Einstein tillhandahåller prediktiv analys och bearbetning av naturligt språk, vilket gör att företag kan förutsäga framtida trender, analysera kundsentiment och automatisera komplexa analysuppgifter. Dessa verktyg är särskilt värdefulla för företag som vill utnyttja potentialen i Big Data och få djupare, mer nyanserade insikter.

Slutligen, verktyg för kundrelationshantering (CRM) med analysfunktioner, som Salesforce eller HubSpot, gör det möjligt för företag att kombinera försäljnings-, marknadsförings- och kundtjänstdata för att få en heltäckande bild av kundinteraktioner. Dessa system hjälper till att spåra kundresan, segmentera kunder och anpassa interaktioner, och spelar en nyckelroll för att förbättra kundupplevelsen och öka varumärkeslojaliteten.

Sammanfattningsvis visar översikten över analysverktyg 2024 ett rikt och mångsidigt landskap som ger företag en mängd olika alternativ för att analysera och tolka data. Valet och effektiv användning av dessa verktyg är avgörande för företag som vill få ut det mesta av sin data och fatta välgrundade marknadsföringsbeslut i en ständigt föränderlig affärsmiljö.

4.3.2 Datatolkning

År 2024 har datatolkning i digital marknadsföring blivit en viktig färdighet, vilket gör det möjligt för företag att omvandla enorma volymer rådata till strategiska, handlingsbara insikter. Datatolkning går utöver enkel insamling och analys; det innebär att förstå sammanhanget, sluta sig till betydelser och dra relevanta slutsatser som kan vägleda marknadsföringsbeslut.

Effektiv datatolkning börjar med en tydlig förståelse av affärs- och marknadsföringsmål. Innan du går in i analys är det avgörande att definiera vad företaget vill förstå eller uppnå. Detta kan inkludera att identifiera nya marknadssegment, förbättra kundupplevelsen, öka konverteringsfrekvensen eller förstå orsakerna till minskad försäljning. Att ha tydliga mål hjälper till att styra analysen och säkerställa att de insikter som erhålls är relevanta och användbara.

När målen väl är definierade är nästa steg att analysera data med hänsyn till företagets och marknadens specifika kontext. Detta innebär att se bortom siffrorna och förstå de underliggande faktorer som kan påverka resultaten. Till exempel kan en nedgång i försäljningen i en specifik region bero på externa faktorer som ekonomiska förändringar eller konkurrenstrender snarare än interna problem.

Tolkning av data kräver också ett kritiskt och analytiskt förhållningssätt. Företag måste kunna skilja korrelation från orsakssamband och vara medvetna om potentiella fördomar i data. Till exempel betyder en ökning av webbplatstrafiken inte nödvändigtvis ett ökat produktintresse; det kan också vara resultatet av säsongsbetonade faktorer eller senaste marknadsföringskampanjer.

Att använda datavisualiseringar är ett kraftfullt verktyg för datatolkning. Grafer, instrumentpaneler och värmekartor kan hjälpa till att presentera data på ett sätt så att trender, mönster och anomalier är lätta att identifiera. Effektiv visualisering gör data mer tillgänglig och begriplig, vilket underlättar datadrivet beslutsfattande.

Slutligen måste tolkningen av uppgifterna omsättas i konkreta handlingar. Insikter som erhålls från data bör användas för att informera marknadsföringsstrategier, för att göra ändringar i produkter eller tjänster eller för att förbättra affärsprocesser. Till exempel, om analysen avslöjar att vissa produkter är särskilt populära hos ett kundsegment, kan företaget välja att fokusera sina marknadsföringsinsatser på det segmentet eller utöka sin produktlinje i den kategorin.

Sammanfattningsvis är datatolkning 2024 en

komplex process som kräver en tydlig förståelse av mål, kontextuell analys, kritiskt tänkande, effektiv datavisualisering och översättning av insikter till handlingar. Företag som behärskar konsten att tolka data är bättre rustade att navigera i det dynamiska digitala marknadsföringslandskapet, effektivt möta sina kunders behov och förbli konkurrenskraftiga i en ständigt föränderlig affärsmiljö.

4.3.3 Datavisualisering

År 2024 har datavisualisering blivit en avgörande del av digital marknadsföring och spelar en avgörande roll för hur företag förstår och kommunicerar insikter från sina analyser. Datavisualisering omvandlar komplexa uppsättningar data till tydliga, begripliga grafiska representationer, vilket gör tolkning och beslutsfattande enklare.

Datavisualisering hjälper till att presentera komplex information på ett intuitivt och engagerande sätt. Grafer, diagram, värmekartor och infografik förvandlar råa siffror till lättsmälta bilder. Till exempel kan en interaktiv instrumentpanel visa resultatet av en marknadsföringskampanj genom en serie grafer, vilket gör att marknadsförare snabbt kan bedöma vilka aspekter av kampanjen som fungerar bra och vilka som kräver justering.

En av de främsta fördelarna med datavisualisering

är dess förmåga att avslöja trender och mönster som kan gå obemärkt förbi i tabeller med rådata. En visualisering kan till exempel lyfta fram säsongstrender i konsumenternas köpbeteenden eller visa samband mellan vissa marknadsföringsaktiviteter och toppar i försäljningen. Dessa insikter kan hjälpa företag att optimera sina marknadsföringsstrategier och rikta sina ansträngningar mer effektivt.

Datavisualisering är också viktigt för att kommunicera komplexa insikter till intressenter som kanske inte har expertis inom dataanalys. Tydliga, attraktiva bilder kan göra data mer tillgänglig för tvärfunktionella team, ledning eller till och med externa kunder. Genom att presentera data på ett begripligt sätt kan företag underlätta mer produktiva diskussioner och informerat beslutsfattande.

Moderna datavisualiseringsverktyg erbjuder stor flexibilitet och interaktivitet. Plattformar som Tableau, Microsoft Power BI och Qlik Sense tillåter användare att skapa anpassade visualiseringar skräddarsydda för deras specifika behov. Dessa verktyg erbjuder funktioner som interaktiv filtrering, realtidsanalys och möjligheten att utforska data på olika nivåer av granularitet.

Dessutom spelar datavisualisering en viktig roll för att upptäcka anomalier och potentiella problem. Genom att visualisera data kan företag snabbt identifiera avvikelser från normala trender, vilket kan vara ett tecken på underliggande problem i marknadsföringsstrategier eller affärsverksamhet. Denna tidiga upptäckt gör att företag kan vidta korrigerande åtgärder innan dessa problem blir allvarligare.

Sammanfattningsvis är datavisualisering 2024 en oumbärlig aspekt av dataanalys inom digital marknadsföring. Det förenklar och förtydligar inte bara tolkningen av data, utan kommunicerar också effektivt komplexa insikter, avslöjar viktiga trender och mönster och underlättar datadrivet beslutsfattande. I en värld där data blir alltmer riklig och komplex, är effektiv datavisualisering avgörande för att omvandla insikter till strategiska åtgärder.

4.3.4 Integrering av insikter i strategi

År 2024 har integration av insikter från dataanalys i marknadsföringsstrategi blivit en viktig praxis för företag som vill förbli konkurrenskraftiga i en ständigt föränderlig digital miljö. Denna integration gör det möjligt för företag att fatta välgrundade beslut, optimera sina kampanjer och svara mer effektivt på konsumenternas behov och förväntningar.

Att integrera insikter i marknadsföringsstrategi börjar med en djup förståelse av den data som samlas in och analyseras. Insikter kan avslöja information om konsumentpreferenser, marknadsföringskanalers effektivitet, marknadstrender och köpbeteenden.

För att dessa insikter ska vara användbara måste de vara relevanta, pålitliga och handlingsbara. Detta innebär inte bara att ha avancerade analysverktyg, utan också ett team som kan tolka data korrekt.

När insikterna väl har erhållits är nästa steg att integrera dem i planeringen och genomförandet av marknadsföringsstrategier. Det kan handla om att anpassa reklamkampanjer, anpassa erbjudanden för olika kundsegment eller att modifiera produkter och tjänster för att bättre möta marknadens behov. Till exempel, om data avslöjar hög efterfrågan på en viss typ av produkt, kan företaget öka produktionen av den produkten eller utveckla ytterligare varianter.

Att integrera insikter i marknadsföringsstrategi kräver också ett flexibelt och lyhört förhållningssätt. Marknaden och konsumentbeteenden förändras snabbt och företag måste vara beredda att anpassa sina strategier baserat på ny information. Detta kan innebära att testa olika tillvägagångssätt, mäta resultat och göra snabba justeringar för att optimera prestandan.

Tvärfunktionellt samarbete är avgörande för att effektivt integrera insikter i marknadsföringsstrategin. Marknadsförings-, försäljnings-, produkt- och kundtjänstteam måste arbeta tillsammans för att säkerställa att insikter delas och används konsekvent i hela organisationen. Detta samarbete säkerställer att alla beslut fattas med en helhetssyn på kunden och marknaden i åtanke.

Slutligen bör integrering av insikter i marknadsföringsstrategi vara en pågående process. Företag måste etablera mekanismer för att kontinuerligt övervaka prestanda, samla in ny data och anpassa sina strategier därefter. Detta innebär inte bara att spåra KPI:er och prestandamått, utan också att hålla koll på förändringar i konsumentpreferenser och marknadsdynamik.

Sammanfattningsvis är att integrera insikter från dataanalys i marknadsföringsstrategin 2024 en avgörande aspekt för affärsframgång. Genom att använda data för att informera beslut, förbli flexibel och lyhörd, och främja tvärfunktionellt samarbete, kan företag skapa mer riktade, personliga och effektiva marknadsföringsstrategier, stärka sin marknadsposition och förbättra kundupplevelsen.

SLUTSATS

"Att ständigt omvärdera dina övertygelser är avgörande för innovation."

Elon Musk

Sammanfattning av nyckeltrender

Sammanfattningsvis kommer år 2024 att präglas av flera nyckeltrender inom området digital marknadsföring, vilket återspeglar den snabba utvecklingen av teknologier och konsumentbeteenden. Dessa trender har format hur företag närmar sig marknadsföring och interagerar med sin publik.

För det första är den ökade betydelsen av Big Data i digital marknadsföring obestridlig. Företag har antagit sofistikerade strategier för att samla in, analysera och använda stora mängder data för att bättre förstå och möta sina kunders behov. Analysen av denna data har möjliggjort ytterligare personalisering av marknadsföringskampanjer, mer exakt marknadssegmentering och en bättre förståelse för kundresan.

För det andra har förutsägande och beteendeanalyser hamnat i centrum, vilket gör det möjligt för företag att inte bara förstå tidigare och nuvarande konsumentåtgärder, utan också förutsäga framtida trender. Detta tillvägagångssätt har gjort det möjligt för företag att vara mer proaktiva i sina marknadsföringsstrategier, förutse kundernas behov och skräddarsy sina erbjudanden därefter.

Blockchain-tekniken har också dykt upp som ett kraftfullt verktyg för att öka transparens och säkerhet i digital marknadsföring. Dess tillämpning inom produktspårbarhet, lojalitetsprogramhantering och digital reklam har hjälpt till att bygga upp konsumenternas förtroende och förbättra effektiviteten i marknadsföringskampanjer.

Dessutom har integrationen av förstärkt verklighet (AR) och virtuell verklighet (VR) teknologier öppnat nya vägar för att skapa uppslukande och interaktiva kundupplevelser. Dessa teknologier har gjort det möjligt för varumärken att sticka ut genom att erbjuda unika och minnesvärda upplevelser, och därigenom stärkt kundernas engagemang och lojalitet.

Användningen av dataanalys- och visualiseringsverktyg spelade en avgörande roll för att tolka och kommunicera insikter. Dessa verktyg har gjort det möjligt för företag att omvandla komplexa data till begripliga och handlingsbara insikter, vilket underlättar datadrivet beslutsfattande.

Slutligen har integration av insikter i marknadsföringsstrategi varit avgörande för affärsframgång. Genom att använda data för att informera beslut har företag kunnat skapa mer riktade, personliga och effektiva marknadsföringsstrategier.

Dessa nyckeltrender för 2024 visar den växande betydelsen av dataanalys, teknologi och personalisering i digital marknadsföring. Företag som har anammat och integrerat dessa trender i sina marknadsföringsstrategier har inte bara förbättrat sin relation med kunderna, utan också stärkt sin position på en allt mer konkurrensutsatt marknad.

Tips för att hålla dig uppdaterad

För att hålla sig uppdaterad inom det ständigt föränderliga området för digital marknadsföring år 2024 är det viktigt för proffs och företag att följa ett proaktivt och informerat förhållningssätt. Här är några viktiga tips för att hålla sig i framkanten av denna dynamiska bransch.

För det första är fortbildning avgörande. Det digitala marknadsföringslandskapet utvecklas snabbt med introduktionen av nya teknologier och strategier. Proffs måste därför engagera sig i kontinuerligt lärande för att hålla sig informerade om de senaste trenderna, verktygen och bästa praxis. Det kan handla om att delta i webbseminarier, konferenser, workshops eller ta onlinekurser om relevanta ämnen som dataanalys, artificiell intelligens inom marknadsföring eller de senaste trenderna inom sociala medier.

För det andra är det viktigt att utöva aktiv teknik- och marknadsövervakning. Det innebär att följa branschpublikationer, bloggar, podcasts och influencers som delar med sig av insikter om den senaste utvecklingen inom digital marknadsföring. Att prenumerera på relevanta nyhetsbrev, följa tankeledare på sociala medier och delta i professionella onlinegrupper kan ge värdefull information och uppdaterade perspektiv.

Samarbete och nätverkande spelar också en viktig roll. Att få kontakt med kamrater, branschexperter och yrkesverksamma från andra sektorer kan erbjuda nya idéer och perspektiv. Att delta i branschevenemang, onlineforum och diskussionsgrupper kan hjälpa till att hålla kontakten med aktuella trender och dela erfarenheter och kunskap.

Det är också viktigt att experimentera med nya teknologier och strategier. Företag måste vara villiga att testa och implementera nya tillvägagångssätt i sina marknadsföringsstrategier. Det kan handla om att experimentera med förstärkta verklighetskampanjer, använda prediktiva analysverktyg eller utforska nya sociala mediekanaler. Experimentering låter dig inte bara förstå vad som fungerar bäst, utan också att förnya och sticka ut på en konkurrensutsatt marknad.

Slutligen är det avgörande att förbli kundcentrerad. Trots den snabba utvecklingen av teknologier och verktyg är huvudmålet med digital marknadsföring fortfarande att möta kundernas behov och förväntningar. Företag måste därför fortsätta att lyssna på sina kunder, samla in feedback och anpassa sina strategier för att leverera exceptionella kundupplevelser.

Sammanfattningsvis, för att hålla sig uppdaterad inom digital marknadsföring 2024, är det viktigt att engagera sig i kontinuerligt lärande, öva på aktiv övervakning, samarbeta och nätverka med branschfolk, experimentera med ny teknik och strategier och att förbli kundcentrerad. Genom att anta dessa tillvägagångssätt kan yrkesverksamma och företag inte bara hålla jämna steg med snabba förändringar, utan också dra nytta av nya möjligheter inom detta dynamiska område.

Framtidsvision för digital marknadsföring

När vi föreställer oss framtiden för digital marknadsföring efter 2024, lovar flera trender och utvecklingar att avsevärt forma landskapet i denna bransch. Den fortsatta konvergensen av teknik, data och kreativitet har potential att skapa nya möjligheter och utmaningar för marknadsförare.

En av de viktigaste trenderna är den fortsatta ökningen av artificiell intelligens (AI) och maskininlärning. Dessa tekniker förväntas bli ännu mer sofistikerade, vilket möjliggör ännu större personalisering och automatisering i marknadsföringskampanjer. AI skulle kunna bidra till att skapa hyperpersonifierade kundupplevelser, där budskap och erbjudanden anpassas i realtid utifrån varje individs beteende och preferenser. Dessutom kan AI spela en avgörande roll i prediktiv analys och hjälpa företag att förutse kundbehov innan de ens uppstår.

Augmented reality (AR) och virtual reality (VR) förväntas också fortsätta att förändra kundupplevelsen. Dessa tekniker skulle kunna bli vanliga verktyg för konsumentengagemang, och ge uppslukande och interaktiva upplevelser som går längre än traditionella skärmar. Varumärken kan använda AR och VR för att leverera virtuella shoppingupplevelser, interaktiva produktdemonstrationer eller till och med skapa helt uppslukande varumärkesvärldar.

Sekretess och dataetik kommer att förbli viktiga områden av oro. Med ökad datainsamling kommer företag att behöva navigera i ett ständigt föränderligt regelverk och samtidigt behålla konsumenternas förtroende. Varumärken som framgångsrikt balanserar innovation med dataansvar kommer att tjäna sina kunders förtroende och lojalitet.

Framtiden för digital marknadsföring kommer också att se djupare integration mellan online- och offlinekanaler. Omnikanalsmarknadsföring, som ger en sömlös och konsekvent kundupplevelse över alla kanaler, kommer att bli normen. Företag kommer att använda integrerad data för att leverera sömlösa upplevelser, oavsett om kunder interagerar online, via mobilappar eller i butik.

Slutligen kommer fortsatt innovation inom kommunikationskanaler och sociala medieplattformar att öppna nya vägar för konsumentengagemang. Nya plattformar kan dyka upp som erbjuder unika och innovativa sätt att koppla varumärken till sin publik. Företag kommer att behöva förbli smidiga och redo att utforska dessa nya kanaler för att förbli relevanta för sin publik.

Sammanfattningsvis kännetecknas framtidsvisionen för digital marknadsföring av snabb teknisk innovation, ökad personalisering, förnyad uppmärksamhet på integritet och etik, omnikanalintegration och framväxten av nya kommunikationskanaler. Företag som anammar denna utveckling och anpassar sina strategier därefter kommer att vara väl positionerade för att lyckas i detta dynamiska och ständigt föränderliga landskap.

BILAGOR

Ordlista över tekniska termer

Inom det ständigt föränderliga området för digital marknadsföring är det viktigt att känna till teknisk jargong. Här är en ordlista över tekniska termer som ofta används inom digital marknadsföring 2024:

1. **Big Data** : En samling extremt stora och komplexa data som inte kan behandlas effektivt med traditionella databehandlingsmetoder. Big Data är avgörande för att analysera trender och beteenden inom digital marknadsföring.

2. **Blockchain** : Distribuerad ledger-teknik som gör att data kan lagras säkert och transparent. Inom marknadsföring används den för produktspårbarhet, lojalitetsprogramhantering och digital reklam.

3. **Chatbot** : Ett datorprogram som använder AI för att simulera en konversation med mänskliga användare,

som ofta används i kundtjänst och automatiserade interaktioner på webbplatser och applikationer.

4. **Content Marketing** : Marknadsföringsstrategi fokuserad på att skapa och distribuera relevant och värdefullt innehåll för att attrahera och engagera en målgrupp.

5. **Conversion Rate Optimization (CRO)** : Processen att optimera webbplatser och målsidor för att öka andelen besökare som vidtar önskad åtgärd.

6. **Customer Relationship Management (CRM)** : System som används för att hantera kundinteraktioner och relationer, centralisera kund-, försäljnings- och serviceinformation.

7. **Datautvinning** : Processen att analysera stora mängder data för att upptäcka dolda mönster och samband.

8. **Inbound Marketing** : Marknadsföringssätt som syftar till att locka kunder genom att skapa användbart innehåll och skräddarsydda upplevelser.

9. **Maskininlärning** : En gren av artificiell intelligens som gör att system kan lära sig och förbättras av erfarenhet utan att vara explicit programmerad.

10. **Programmatisk annonsering** : Använder automatiserad programvara för att köpa och optimera annonsplaceringar i realtid.

11. **Sökmotoroptimering (SEO)** : Processen att optimera en webbplats för att förbättra dess rankning i sökmotorresultat.

12. **Social Media Marketing** : Använda sociala medieplattformar för att marknadsföra en produkt eller tjänst.

13. **User Experience (UX)** : Alla interaktioner och upplevelser som en användare har med en digital produkt eller tjänst.

14. **Virtual Reality (VR)** : Teknik som skapar en simulerad miljö som låter användare fördjupa sig i och interagera i en virtuell värld.

15. **Webbanalys** : Process för att samla in, analysera och rapportera webbtrafikdata för att förstå och optimera webbanvändningen.

Den här ordlistan ger en grund för att förstå tekniska termer som ofta används inom digital marknadsföring, vilket gör det möjligt för proffs och studenter att bättre navigera i detta komplexa och ständigt föränderliga område.

Fördjupade fallstudier

1. E-handelsrevolution hos Luxomoda: Integration av AI för en personlig kundupplevelse

Sammanhang: Luxomoda, ett lyxvarumärke, stod inför en allt mer konkurrensutsatt marknad och höga kunders förväntningar på personalisering. För att förbli konkurrenskraftig och förbättra kundupplevelsen har Luxomoda beslutat att integrera artificiell intelligens (AI) i sin e-handelsplattform.

Mål: Luxomodas huvudmål var att skapa en mycket personlig shoppingupplevelse online för varje kund, genom att använda AI för att analysera kunddata och ge skräddarsydda produktrekommendationer, stilförslag och en förbättrad kundservice.

Implementering: Luxomoda samarbetade med ett ledande teknikföretag för att integrera avancerade AI-algoritmer i sin webbplats och mobilapp. Dessa algoritmer utformades för att lära sig om kunders köpbeteenden, preferenser och interaktioner med webbplatsen.

1. **Personliga rekommendationer:** AI analyserade köphistorik, webbplatsklick och stilpreferenser för att rekommendera specifika produkter till varje kund. Detta

inkluderade förslag för att genomföra ett köp eller upptäcka nya föremål som passar kundens stil.

2. **Virtuell stilassistent:** Luxomoda har introducerat en AI-driven chatbot, som fungerar som en personlig stilassistent, erbjuder moderåd och svarar på kundfrågor i realtid.

3. **Predictive Analytics:** AI har också använts för att förutsäga modetrender och kundpreferenser, vilket gör att Luxomoda kan lagra artiklar som sannolikt kommer att bli en stor hit.

Resultat: AI-integration har förändrat shoppingupplevelsen hos Luxomoda:

- **Ökad försäljning:** Personliga rekommendationer ledde till en betydande ökning av konverteringsfrekvenser och genomsnittligt ordervärde.

- **Förbättrat kundengagemang:** Den virtuella stilassistenten har förbättrat kundernas engagemang och ger en interaktiv och personlig shoppingupplevelse.

- **Optimerad lagerhantering:** Prediktiv analys har gjort det möjligt för Luxomoda att bättre hantera sitt lager, vilket minskar överskott och lageruttag.

- **Ökad kundnöjdhet:** Kundfeedback har varit extremt positiv, med en märkbar ökning av kundnöjdhet och varumärkeslojalitet.

Slutsats: Fallstudien från Luxomoda visar den kraftfulla effekten av AI för att anpassa shoppingupplevelsen online. Genom att anta innovativa teknologier har Luxomoda inte bara förbättrat sina affärsresultat utan också satt en ny standard inom kundupplevelse för lyxsektorn.

2. Biotec Pharma Omnikanalstrategi: Använda datavetenskap för att transformera kundresan inom läkemedelssektorn

Sammanhang: Biotec Pharma, ett ledande företag inom läkemedelssektorn, identifierade behovet av att förbättra sina kunders upplevelse genom att integrera en omnikanalstrategi. Inför en allt mer digitaliserad marknad och kunder som letar efter flytande och personliga interaktioner, beslutade Biotec Pharma att använda datavetenskap för att förändra sin kundresa.

Mål: Biotec Pharmas mål var att skapa en konsekvent och personlig kundupplevelse i alla kanaler – online, mobil och i butik – med hjälp av data för att förstå och förutse kundernas behov.

Genomförande: För att uppnå detta mål har Biotec Pharma implementerat flera viktiga initiativ:

1. **Dataintegration:** Biotec Pharma har konsoliderat kunddata från olika källor, inklusive onlineinteraktioner, köp i butik och svar på marknadsföringskampanjer.

Målet var att skapa en 360-graders bild av varje kund.

2. **Predictive Analytics:** Med hjälp av avancerade datavetenskapliga tekniker analyserade företaget dessa data för att identifiera beteendemönster, förutsäga kundernas behov och anpassa interaktioner.

3. **Omnichannel Personalization:** Baserat på dessa analyser personaliserade Biotec Pharma kundupplevelsen i alla kanaler. Detta inkluderade personliga produktrekommendationer på webbplatsen, relevanta mobilaviseringar och personlig kundservice i butik.

4. **CRM-plattform (Customer Relationship Management):** En avancerad CRM-plattform har implementerats för att hantera kundinteraktioner på ett konsekvent och integrerat sätt över alla kanaler.

Resultat: Biotec Pharmas omnikanalstrategi har lett till flera positiva resultat:

- **Förbättrad kundupplevelse:** Kunderna fick en smidigare och mer personlig upplevelse, vilket ökade deras tillfredsställelse och varumärkeslojalitet.

- **Ökad försäljning:** Datadriven

personalisering har lett till ökad försäljning, både online och i butik.

- **Bättre kundförståelse:** Dataanalys har gjort det möjligt för Biotec Pharma att bättre förstå sina kunders behov och preferenser och därigenom förbättra beslutsfattandet inom produktutveckling och marknadsföring.

- **Operativ effektivitet:** Dataintegration över kanaler har förbättrat operativ effektivitet, minskat dubbelarbete och optimerat marknadsföringsresurser.

Slutsats: Fallstudien från Biotec Pharma illustrerar vikten av en integrerad omnikanalstrategi inom läkemedelssektorn. Genom att utnyttja kraften i datavetenskap har Biotec Pharma inte bara förbättrat kundupplevelsen utan också stärkt sin position på marknaden. Detta datacentrerade, kund-först tillvägagångssätt är en modell för andra företag som vill förändra sin kundresa i en allt mer digitaliserad affärsmiljö.

3. Augmented Reality Innovation at HomeSpace: Omdefiniering av online möbelshopping

Bakgrund: HomeSpace, ett möbelförsäljningsföretag online, insåg möjligheten att förbättra sina kunders shoppingupplevelse genom att integrera förstärkt verklighet (AR) i sin försäljningsprocess. Inför svårigheten för kunder att visualisera möbler i sitt eget utrymme, försökte HomeSpace använda AR för att erbjuda en innovativ lösning.

Mål: Huvudsyftet med HomeSpace var att ge en uppslukande och interaktiv shoppingupplevelse som låter kunderna se produkter i sin egen miljö innan de gör ett köp. Detta syftade till att minska kundosäkerheten, öka nöjdheten och minska produktreturerna.

Implementering: För att uppnå detta mål har HomeSpace utvecklat och integrerat flera viktiga AR-funktioner:

1. **AR App:** HomeSpace lanserade en mobilapp som låter kunderna virtuellt visualisera möblerna i deras utrymme. Med hjälp av kameran på sin smartphone eller surfplatta kunde kunder placera en 3D-möbel i sitt rum och se den från olika vinklar och på olika platser.

2. **Anpassning i realtid:** Appen gjorde det också möjligt för kunder att anpassa produkter i realtid, ändra färger, texturer och dimensioner för att se hur olika alternativ skulle passa in i deras utrymme.

3. **E-handelsintegration:** Applikationen integrerades med HomeSpaces e-handelswebbplats, vilket gör det möjligt för kunder att direkt lägga en beställning

efter att ha sett en produkt i AR.

4. **Guider och tutorials:** HomeSpace har tillhandahållit guider och tutorials för att hjälpa kunder att använda AR-applikationen, vilket säkerställer en smidig användarupplevelse.

Resultat: Introduktionen av AR på HomeSpace ledde till flera positiva resultat:

- **Ökat kundengagemang:** Den uppslukande upplevelsen ökade kundernas engagemang och uppmuntrade dem att utforska fler produkter och spendera mer tid på appen.

- **Minskad avkastning:** Möjligheten att se produkter i sitt eget utrymme har minskat kundosäkerheten, vilket leder till en betydande minskning av avkastningen.

- **Ökad försäljning:** Den förbättrade shoppingupplevelsen ledde till ökad försäljning då kunderna kände sig mer säkra på sina produktval.

- **Förbättrad kundnöjdhet:** Positiv kundfeedback indikerade en betydande förbättring av kundnöjdheten, vilket stärkte varumärkeslojaliteten.

Slutsats: Fallstudien på HomeSpace visar den omvälvande effekten av förstärkt verklighet inom möbelbranschen för e-handel. Genom att anta denna innovativa teknik har HomeSpace inte bara förbättrat shoppingupplevelsen online, utan också satt en ny standard i branschen, och visat hur AR kan användas för att överbrygga klyftan mellan shoppingupplevelser online och i butik.

4. GreenEarth Viral Campaign: Använda sociala medier för effektfull miljömedvetenhet

Bakgrund: GreenEarth, en ideell organisation dedikerad till miljömedvetenhet, insåg potentialen hos sociala medier för att nå en bred publik och engagera samhället i kritiska miljöfrågor. Inför klimatnödsituationen och den växande allmänhetens likgiltighet lanserade GreenEarth en viral social mediakampanj för att öka medvetenheten och uppmuntra till handling.

Mål: GreenEarths mål var att skapa en viral social mediakampanj som ökar medvetenheten om miljönödsituationen, uppmuntrar innehållsdelning och inspirerar individer och samhällen att vidta konkreta åtgärder för att skydda miljön.

Implementering: För att uppnå detta mål har GreenEarth implementerat flera viktiga initiativ:

1. **Engagerande och pedagogiskt innehåll:** GreenEarth har skapat en serie informativa och visuellt tilltalande videor, infografik och blogginlägg, som lyfter fram olika miljöfrågor och erbjuder praktiska lösningar.

2. **Hashtags och utmaningar:**

Organisationen lanserade kampanjspecifika hashtags och utmaningar på sociala medier, uppmuntrade användare att dela med sig av sina egna handlingar för miljön och skapade en gemenskapsrörelse.

3. **Samarbete med influencers:** GreenEarth samarbetade med influencers och kändisar som engagerade sig i miljöfrågor för att utöka kampanjens räckvidd och nå en bredare publik.

4. **Interaktivitet och engagemang:** Kampanjen utformades för att vara mycket interaktiv, med omröstningar, live frågor och svar och diskussionsforum för att engagera publiken och uppmuntra aktivt deltagande.

Resultat: GreenEarths virala kampanj hade en betydande inverkan:

- **Omfattande räckvidd:** Kampanjen nådde miljontals människor runt om i världen, vilket vida överträffade initiala förväntningar när det gäller räckvidd och engagemang.

- **Samhällsengagemang:** Utmaningar och hashtags uppmuntrade aktivt deltagande, med tusentals människor som delade med sig av sina miljöåtgärder, vilket skapade en engagerad onlinegemenskap.

- **Ökad medvetenhet:** Kampanjen var framgångsrik för att öka medvetenheten om viktiga miljöfrågor, med ett ökande antal människor som diskuterade och delade information om dessa ämnen.

- **Verklig påverkan:** Utöver onlinemedvetenhet ledde kampanjen till konkreta åtgärder, såsom initiativ för sanering av samhället, åtaganden om avfallsminskning och donationer till miljöfrågor.

Slutsats: Fallstudien från GreenEarth illustrerar kraften hos sociala medier för att genomföra effektiva miljömedvetandekampanjer. Genom att kombinera engagerande innehåll, strategisk användning av sociala medier och samarbete med influencers har GreenEarth inte bara ökat medvetenheten om avgörande miljöfrågor, utan också mobiliserat en global gemenskap att agera. Denna kampanj fungerar som en modell för andra organisationer som vill använda sociala medier för positiva sociala och miljömässiga effekter.

5. BankSecure Digital Transformation: Säkra finansiella transaktioner med Blockchain

Bakgrund: BankSecure, en ledande bank inom finanssektorn, har identifierat ett växande behov av att stärka säkerheten och transparensen för sina finansiella transaktioner inför en ökning av cyberattacker och bedrägerier. För att svara på denna utmaning beslutade BankSecure att ta till sig blockchain-teknik, känd för sin robusthet när det gäller säkerhet och spårbarhet av transaktioner.

Mål: BankSecures huvudmål var att integrera blockchain i sin befintliga infrastruktur för att säkra finansiella transaktioner, minska bedrägerierisker och förbättra kundernas förtroende för digitala banktjänster.

Implementering: För att uppnå detta mål implementerade BankSecure flera viktiga initiativ:

1. **Blockchain Infrastructure:** BankSecure har utvecklat en skräddarsydd blockchain-infrastruktur, anpassad till banksektorns specifika behov. Denna infrastruktur gjorde det möjligt att registrera alla transaktioner på en distribuerad, säker och oföränderlig reskontra.

2. **Systemintegration:** Blockchain har integrerats med bankens befintliga system, inklusive onlinebetalningsplattformar och mobilapplikationer, för att säkerställa en smidig övergång och upprätthålla kontinuitet i tjänsterna.

3. **Utbildning och medvetenhet:** BankSecure har investerat i blockchain-utbildning för sin personal och har kört

medvetenhetskampanjer för sina kunder, som förklarar fördelarna med den nya tekniken när det gäller säkerhet och tillförlitlighet.

4. **Testning och efterlevnad:** Innan en fullständig implementering testades blockchain-lösningen rigoröst för att säkerställa överensstämmelse med finansiella regler och kompatibilitet med banksäkerhetsstandarder.

Resultat: BankSecures blockchain-integration ledde till flera positiva resultat:

- **Att stärka säkerheten:** Blockchain har avsevärt stärkt säkerheten för transaktioner, minskat fall av bedrägerier och bearbetningsfel.

- **Ökad transparens:** Spårbarheten och oföränderligheten av transaktioner i blockkedjan har förbättrat transparensen, vilket stärkt kundernas förtroende för bankens tjänster.

- **Operationell effektivitet:** Blockchain har förenklat och påskyndat transaktionsverifieringsprocessen, vilket förbättrat bankens operativa effektivitet.

- **Regulatory Compliance:** Blockchain-lösningen har hjälpt BankSecure att lättare följa finansiella regler för rapportering och revision.

Slutsats: Fallstudien från BankSecure visar

blockchains effektivitet i banksektorns digitala transformation. Genom att ta till sig denna teknik har BankSecure inte bara förbättrat säkerheten och transparensen i sina transaktioner, utan har också positionerat banken som en innovativ ledare när det gäller införandet av avancerade tekniska lösningar. Detta initiativ fungerar som en modell för andra finansiella institutioner som vill öka säkerheten och förtroendet i den digitala tidsåldern.

6. SportsVirtus vinnande satsning: fansengagemang med uppslukande virtuell verklighetsupplevelser

Sammanhang: SportsVirtu, ett företag som specialiserat sig på virtuella sportupplevelser, har identifierat en unik möjlighet att förändra fansens engagemang i sportens värld. Med den växande populariteten för virtuell verklighet (VR) föreställde sig SportsVirtu att skapa uppslukande upplevelser för att föra fansen närmare sina favoritlag och idrottare på ett sätt som aldrig tidigare skådats.

Mål: SportsVirtus mål var att utveckla en VR-plattform som erbjuder uppslukande och interaktiva sportupplevelser, så att fans kan uppleva matcher och sportevenemang som om de vore där, samtidigt som de erbjuder unika interaktiva och sociala funktioner.

Genomförande: För att uppnå detta ambitiösa mål har SportsVirtu lanserat flera viktiga initiativ:

1. **VR-plattformsutveckling:** SportsVirtu har utvecklat en avancerad VR-plattform, som låter användare uppleva matcher i realtid med en 360-graders vy från olika platser på stadion.

2. **Partnerskap med sportlag och ligor:** För att leverera autentiskt och engagerande innehåll har SportsVirtu samarbetat med flera sportlag och ligor, så att de kan streama livematcher på plattformen.

3. **Interaktiva funktioner:** Plattformen erbjöd interaktiva funktioner, såsom val av olika betraktningsvinklar, tillgång till realtidsstatistik och kommunikationsalternativ med andra fans.

4. **Uppslukande upplevelser utan match:** Förutom livematcher har SportsVirtu skapat uppslukande icke-matchupplevelser, såsom virtuella stadionturer, möten med idrottare i VR och interaktiva spel.

Resultat: SportsVirtu-initiativet hade en betydande inverkan på fansens engagemang:

- **Ökat fansengagemang:** Plattformen lockade ett växande antal fans, vilket ger en uppslukande och interaktiv upplevelse som stärkte deras kontakt med sina favoritlag och idrottare.

- **Nya intäkter:** Plattformen har öppnat upp nya intäktsströmmar, inklusive prenumerationer, annonsering i appar och exklusiva partnerskap med lag och ligor.
- **Förbättrad fanupplevelse:** Fansen gynnades av en berikad sportupplevelse, med anpassnings- och interaktionsalternativ som inte var möjliga med traditionella tittarmetoder.
- **Branschkännedom:** SportsVirtu har erkänts som en innovatör inom sport, som sätter nya standarder för fansengagemang i den digitala tidsåldern.

Slutsats: Fallstudien SportsVirtu illustrerar den revolutionerande potentialen hos VR i sportfans engagemang. Genom att utnyttja denna teknik har SportsVirtu inte bara förbättrat fansupplevelsen, utan också banat väg för nya affärsmöjligheter och en ny era av interaktion mellan fans och sportvärlden.

7. HealthFirst-innehållsstrategi: Utbildning och kundengagemang inom hälso- och sjukvårdssektorn

Sammanhang: HealthFirst, ett ledande hälsovårdsföretag, insåg behovet av att förbättra kundutbildning och engagemang inför en allt mer hälsomedveten allmänhet som hungrar efter pålitlig information. För att möta denna växande efterfrågan beslutade HealthFirst att implementera en robust och informativ innehållsstrategi.

Mål: HealthFirsts mål var att utveckla och implementera en innehållsstrategi som utbildar kunder i olika hälsoämnen, främjar hälsosamma beteenden och bygger engagemang och varumärkeslojalitet.

Implementering: För att uppnå detta mål lanserade HealthFirst flera viktiga initiativ:

1. **Skapande av utbildningsinnehåll:** HealthFirst har utvecklat en serie utbildningsinnehåll, inklusive blogginlägg, videor, infografik och poddsändningar, som täcker ett brett spektrum av hälsoämnen, från förebyggande av sjukdomar till kost och välbefinnande.

2. **Onlineplattform och mobilapplikation:** Detta innehåll har gjorts lättillgängligt via en dedikerad onlineplattform och mobilapplikation, vilket gör att kunderna kan hitta tillförlitlig och praktisk information när som helst.

3. **Interaktiva program:** HealthFirst har introducerat interaktiva program, såsom friskvårdsutmaningar och livewebinarier med hälsoexperter, för att uppmuntra

aktivt kundengagemang.

4. **Innehållsanpassning:** Med hjälp av kunddata ger HealthFirst personligt anpassat innehållsrekommendationer för att möta varje användares specifika behov och intressen.

5. **Samarbete med experter:** För att säkerställa innehållets noggrannhet och tillförlitlighet, samarbetade HealthFirst med sjukvårdspersonal och branschexperter för att skapa och granska allt utbildningsmaterial.

Resultat: HealthFirsts innehållsstrategi ledde till flera positiva resultat:

● **Förbättrat kundengagemang:** Utbildningsmässigt och interaktivt innehåll ökade kundernas engagemang avsevärt, med en märkbar ökning av tid som spenderas på plattformen och interaktion med innehåll.

● **Stärka varumärkeslojalitet:** Genom att tillhandahålla tillförlitlig och användbar information har HealthFirst stärkt kundernas förtroende och lojalitet gentemot varumärket.

● **Ökad hälsomedvetenhet:** Strategin har bidragit till ökad medvetenhet och utbildning av kunder om viktiga hälsofrågor, och uppmuntrat hälsosammare livsstilsval.

● **Positiv ROI:** Innehållsstrategin ledde också till en positiv ROI, med ökad registrering av hälsoprogram och ökad användning av

HealthFirst-tjänster.

Slutsats: Fallstudien HealthFirst visar vikten av en pedagogisk och engagerande innehållsstrategi i hälso- och sjukvårdsbranschen. Genom att tillhandahålla pålitlig information och uppmuntra aktivt engagemang har HealthFirst inte bara förbättrat sina kunders hälsa och välbefinnande, utan också stärkt sin position som ett pålitligt varumärke och ledare inom hälso- och sjukvård.

8. FashionFlare Influencer Marketing Campaign: Measuring Impact and ROI in Luxury

Sammanhang: FashionFlare, ett erkänt lyxvarumärke, ville stärka sin närvaro och varumärkesimage på en mycket konkurrensutsatt marknad. För att uppnå detta mål lanserade FashionFlare en influencer-marknadsföringskampanj, i samarbete med ledande modeinfluencers för att nå en bredare och mer engagerad publik.

Mål: FashionFlares huvudsakliga mål var att mäta effekten och avkastningen på investeringen (ROI) av sin influencer-marknadsföringskampanj, och bedöma inte bara ökningen av varumärkesmedvetenhet utan också påverkan på försäljning och kundengagemang.

Implementering: För att genomföra denna

kampanj antog FashionFlare ett strategiskt och mätbart tillvägagångssätt:

1. **Urval av influencers:** FashionFlare noggrant utvalda influencers vars stil och publik matchade FashionFlares varumärkesimage och värderingar. Detta urval inkluderade influencers med stort antal följare och hög engagemang.

2. **Konsekvent varumärkesinnehåll:** Influencers skapade personligt innehåll som lyfte fram FashionFlares produkter samtidigt som de förblir trogen sin egen unika stil. Detta inkluderade inlägg på sociala medier, bloggar och videor.

3. **Spårning och analys:** FashionFlare använde avancerade analysverktyg för att spåra varje influencers prestation, inklusive engagemang, räckvidd och trafik som drivs till FashionFlares webbplats.

4. **Kampanjkoder och spårningslänkar:** Unika kampanjkoder och spårningslänkar gavs till influencers för att direkt mäta försäljning och omvandlingar från kampanjen.

5. **Feedback och interaktion:** FashionFlare uppmuntrade influencers att interagera med sin publik, samla in värdefull feedback och bygga engagemang med

varumärket.

Resultat: FashionFlares influencer-marknadsföringskampanj gav betydande resultat:

- **Ökad varumärkeskännedom:** Kampanjen ökade avsevärt medvetenheten om FashionFlare, lockade en ny publik och stärkte närvaron på sociala medier.

- **Försäljningstillväxt:** Kampanjkoder och spårningslänkar visade en märkbar ökning av försäljningen direkt hänförlig till kampanjen.

- **Ökat engagemang:** Innehåll skapat av influencers genererade högt engagemang, med meningsfulla interaktioner mellan konsumenter och varumärket.

- **Positiv ROI:** Dataanalys visade en positiv avkastning på investeringen, med vinsten som genererades av kampanjen som vida översteg de initiala kostnaderna.

Slutsats: Fallstudien av FashionFlare illustrerar effektiviteten av influencer marketing inom lyxsektorn. Genom att ta ett strategiskt tillvägagångssätt och noggrant mäta effekten av kampanjen, förbättrade FashionFlare inte bara sin varumärkesmedvetenhet, utan genererade också betydande kundengagemang och försäljningstillväxt. Den här kampanjen fungerar som en modell för andra lyxmärken som vill utnyttja kraften i influencer-marknadsföring för att nå nya höjder.

9. QuickServe Mobile Marketing Initiative: Återuppfinna snabbmat med innovativa applikationer

Bakgrund: QuickServe, en populär snabbmatskedja, har sett en stadig förändring i konsumentvanor, med en ökad efterfrågan på snabbare, bekvämare beställnings- och leveransalternativ. För att möta dessa förväntningar beslutade QuickServe att lansera ett mobilmarknadsföringsinitiativ, fokuserat på utveckling av innovativa mobilapplikationer.

Mål: QuickServes mål var att skapa en förbättrad mobil användarupplevelse som gör beställning, måltidsanpassning och leverans enklare, samtidigt som appen används som ett marknadsföringsverktyg för att bygga kundlojalitet och öka försäljningen.

Implementering: För att uppnå detta mål har QuickServe implementerat flera nyckelstrategier:

1. **Utveckling av en intuitiv mobilapplikation:** QuickServe har utvecklat en användarvänlig mobilapplikation som erbjuder enkel navigering, snabb beställning och alternativ för måltidsanpassning. Appen integrerade också ett säkert betalningssystem för en problemfri beställningsupplevelse.

2. **Integrerat lojalitetsprogram:** Appen inkluderade ett lojalitetsprogram som erbjuder personliga belöningar och kampanjer baserat på användarnas preferenser och beställningsvanor.

3. **Augmented Reality-funktioner:** QuickServe har förnyat sig genom att integrera augmented reality-funktioner (AR) i sin app, så att kunder kan se måltider innan de beställer och delta i interaktiva spel för att tjäna belöningar.

4. **Push-meddelanden och riktad marknadsföring:** Appen använde push-meddelanden för att informera kunder om specialerbjudanden, nya produkter och lokala evenemang, vilket ökade engagemanget och återkommande besök.

5. **Användardataanalys:** QuickServe samlade in och analyserade användardata för att förstå kundernas preferenser och skräddarsy sina erbjudanden och marknadsföring därefter.

Resultat: QuickServes mobila marknadsföringsinitiativ ledde till flera positiva resultat:

- **Ökad försäljning:** Appen har drivit på en betydande ökning av onlinebeställningar och total försäljning, vilket ger en bekväm och snabb beställningsupplevelse.

- **Ökat kundengagemang:** Lojalitetsprogrammet och push-meddelanden ökade kundernas engagemang, vilket ledde till ökad orderfrekvens och varumärkeslojalitet.

- **Förbättrad kundupplevelse:** AR-funktioner och anpassningsalternativ har förbättrat kundupplevelsen, vilket gör beställningen mer interaktiv och njutbar.

- **Värdefulla kundinsikter:** Analys av användardata gav QuickServe värdefulla insikter för att optimera sina menyer, kampanjerbjudanden och marknadsföringsstrategier.

Slutsats: Fallstudien från QuickServe visar den betydande effekten av en väldesignad mobilapplikation i snabbmatsindustrin. Genom att kombinera en intuitiv användarupplevelse med innovativa mobila marknadsföringsstrategier har QuickServe inte bara förbättrat beställningsupplevelsen för sina kunder, utan också sett en märkbar ökning av kundernas engagemang och försäljning. Detta initiativ fungerar som en modell för andra företag i branschen som vill utnyttja mobilteknik för att återuppfinna kundupplevelsen.

10. Kundlojalitetsprojekt hos AutoElite: Använda blockchain-

baserade lojalitetsprogram för att förbättra retention

Sammanhang: AutoElite, en ledande biltillverkare, har sett minskande kundlojalitet på en allt mer konkurrensutsatt marknad. För att vända denna trend bestämde sig AutoElite för att förnya sig genom att lansera ett lojalitetsprogram baserat på blockchain-teknologi, som syftar till att erbjuda en mer transparent, säker och givande kundupplevelse.

Mål: AutoElites mål var att utveckla ett lojalitetsprogram som inte bara belönar kunder för deras lojalitet, utan också använder fördelarna med blockchain för att förbättra säkerhet, transparens och personalisering av belöningar.

Implementering: För att uppnå detta mål har AutoElite implementerat flera viktiga initiativ:

1. **Utveckling av en Blockchain-plattform:** AutoElite har utvecklat en blockchain-baserad lojalitetsplattform, som möjliggör säker och transparent registrering av kundtransaktioner och interaktioner.

2. **Innovativt belöningssystem:** Programmet erbjöd belöningar i form av blockchain-tokens, som kunde bytas ut mot tjänster, tillbehör eller till och med rabatter på fordon. Dessa tokens kan också ackumuleras eller bytas ut med

andra medlemmar i programmet.

3. **Personalisering av erbjudanden:** Med hjälp av kunddata som samlats in via plattformen, anpassade AutoElite erbjudanden och belöningar baserat på varje kunds preferenser och köpbeteende.

4. **Integrerad mobilapplikation:** En mobilapplikation har utvecklats för att låta kunderna enkelt spåra sina tokens, upptäcka nya erbjudanden och hantera sitt lojalitetskonto.

5. **Medvetenhets-** och **utbildningskampanjer:** AutoElite har genomfört kampanjer för att utbilda kunder om fördelarna med blockchain och hur man använder det nya lojalitetsprogrammet.

Resultat: AutoElites initiativ för kundlojalitet gav betydande resultat:

● **Förbättrad kundlojalitet:** Programmet stärkte kundlojalitet, med en anmärkningsvärd ökning av behållning och köpfrekvens.

● **Ökad transparens och säkerhet:** Blockchain har förbättrat transparensen och säkerheten för lojalitetstransaktioner, vilket ökar kundernas förtroende för programmet.

● **Ökat kundengagemang:** Mobilappen och personliga belöningar ökade kundernas engagemang med varumärket.

- **Positiv avkastning på investeringen:** Programmet genererade en positiv avkastning på investeringen, med en ökning av fordonsförsäljningen och tillhörande tjänster.

Slutsats: Fallstudien AutoElite illustrerar hur den innovativa användningen av blockkedjeteknologi i lojalitetsprogram kan förändra kundernas engagemang och behålla kunderna i fordonsindustrin. Genom att tillhandahålla en säkrare, transparent och personlig lojalitetsupplevelse har AutoElite inte bara förbättrat kundnöjdheten, utan också stärkt sin position på marknaden som ett framåtblickande och kundcentrerat varumärke.

11. TravelWorld SEO-optimering: Avancerade strategier för att dominera onlineresemarknaden

Bakgrund: TravelWorld, en onlineresebyrå, mötte hård konkurrens på en mättad marknad. För att förbättra sin synlighet online och locka fler kunder beslutade TravelWorld att implementera avancerade sökmotoroptimeringsstrategier (SEO).

Mål: TravelWorlds mål var att stärka sin onlinenärvaro, förbättra sin sökranking och attrahera kvalitetstrafik till sin webbplats, genom att fokusera på innovativa och effektiva SEO-strategier.

Implementering: För att uppnå detta mål använde TravelWorld flera nyckelmetoder:

1. **Fördjupad sökordsforskning:** TravelWorld genomförde omfattande sökordsforskning för att identifiera de mest relevanta och sökta termerna och fraserna i resebranschen. Detta inkluderade longtail-sökord som är specifika för vissa destinationer och resetyper.

2. **Innehållsoptimering:** Innehållet på TravelWorld-webbplatsen har optimerats för att inkludera de identifierade nyckelorden, vilket säkerställer att innehållet förblir informativt, engagerande och användbart för användarna. Reseguider, bloggartiklar och resmålsbeskrivningar har regelbundet uppdaterats och utökats.

3. **Förbättrad användarupplevelse:** TravelWorld har förbättrat sin webbplatsnavigering, laddningshastighet och mobilvänlighet för att ge en bättre användarupplevelse, en nyckelfaktor i SEO-rankningen.

4. **Bakåtlänkningsstrategi:** En bakåtlänkningsstrategi implementerades för att erhålla länkar av hög kvalitet från erkända webbplatser

inom resebranschen och relaterade medier.

5. **Lokal och internationell SEO:** TravelWorld har optimerat sin webbplats för lokal och internationell SEO, inriktad på specifika marknader med innehåll och nyckelord som är skräddarsydda för varje region.

6. **Analys och övervakning:** SEO-analysverktyg användes för att spåra webbplatsens prestanda, vilket gjorde det möjligt för TravelWorld att anpassa sin strategi baserat på marknadstrender och användarbeteenden.

Resultat: TravelWorld SEO-optimering ledde till flera positiva resultat:

- **Ökning av organisk trafik:** Webbplatsen såg en betydande ökning av organisk trafik, vilket lockade fler besökare intresserade av resor.

- **Förbättrad rankning för sökmotorer:** TravelWorld såg sin rankning förbättras för många strategiska sökord, och nådde toppen av sökresultaten för flera nyckeltermer.

- **Ökat engagemang:** Förbättrad användarupplevelse och kvalitet på innehållet har ökat besökarnas engagemang på webbplatsen.

- **Ökad konvertering och försäljning:** Ökad kvalificerad trafik har lett till ökade resebokningar och försäljning.

Slutsats: Fallstudien TravelWorld visar vikten av en robust och välplanerad SEO-strategi i onlineresebranschen. Genom att anta innovativa tillvägagångssätt och fokusera på ständiga förbättringar har TravelWorld inte bara förbättrat sin synlighet online, utan också stärkt sin position på den konkurrensutsatta resemarknaden, lockat fler kunder och genererat ökade intäkter.

12. Techtronics Programmatic Advertising Campaign: Automation och exakt inriktning för maximal effekt

Sammanhang: Techtronics, ett ledande hemelektronikföretag, var ute efter att maximera effekten av sina reklamkampanjer på en fullsatt digital marknad. För att uppnå detta mål beslutade Techtronics att införa programmatisk annonsering, en metod för att automatisera inköp och placering av annonser för att rikta in sig på specifika målgrupper mer effektivt.

Mål: Techtronics mål var att lansera en programmatisk reklamkampanj som inte bara når sin målgrupp korrekt, utan också optimerar avkastningen på investeringen (ROI) genom att använda data och algoritmer för att fatta köpbeslut av annonsutrymme i realtid.

Implementering: För att genomföra denna kampanj implementerade Techtronics flera nyckelstrategier:

1. **Urval av programmatiska plattformar:**
   Techtronics har valt programmatiska reklamplattformar kända för sin förmåga att effektivt rikta in sig på målgrupper och tillhandahålla detaljerad analys.

2. **Målgruppsdefinition:** Företaget definierade sin målgrupp baserat på demografi, intressen, köpbeteenden och surfvanor online.

3. **Skapande av personligt reklaminnehåll:** Anpassade annonser skapades för att få resonans hos målgruppen, med hjälp av meddelanden och bilder som skräddarsytts för olika användarsegment.

4. **Realtidsoptimering:** Kampanjen övervakades ständigt och justerades i realtid för att optimera prestanda, baserat på data som klickfrekvens, konverteringar och engagemang.

5. **Multi-Channel Data Integration:** Techtronics integrerade data från olika kanaler, inklusive sociala medier, webbplatser och mobilappar, för en helhetssyn på kampanjens effektivitet.

6. **Analys och rapportering:** Detaljerade rapporter genererades för att bedöma kampanjresultat, inklusive ROI, räckvidd,

engagemang och konverteringar.

Resultat: Techtronics programmatiska reklamkampanj ledde till flera positiva resultat:

- **Exakt inriktning:** Kampanjen nådde målgruppen med hög precision, ökade effektiviteten hos annonser och minskade slöseri med annonsbudget.

- **Ökat engagemang:** Anpassade annonser genererade ett betydande engagemang, med klick- och omvandlingsfrekvenser över genomsnittet.

- **Optimering av avkastning: Realtidsoptimering** gjorde att kampanjen kunde anpassas för att maximera avkastningen på investeringen, och allokerade budget till de kanaler och annonser som gick bäst.

- **Deep Insights:** Analytics gav värdefulla insikter om publikens beteende och preferenser, vilket hjälpte Techtronics att förfina framtida marknadsföringsstrategier.

Slutsats: Fallstudien från Techtronics illustrerar effektiviteten av programmatisk annonsering när det gäller att rikta in sig på målgrupper och maximera avkastningen på investeringen. Genom att anta ett datadrivet tillvägagångssätt och använda automatisering för att justera kampanjen i realtid, förbättrade Techtronics inte bara prestandan för sina annonser, utan fick också värdefulla insikter för att vägleda sina framtida marknadsföringsinitiativ.

13. Corporate Social Responsibility Initiative på EcoPure: Etisk marknadsföring och samhällsengagemang

Bakgrund: EcoPure, ett företag som specialiserat sig på miljövänliga rengöringsprodukter, har insett den växande betydelsen av Corporate Social Responsibility (CSR) i den moderna affärsmiljön. För att stärka sitt engagemang för hållbarhet och etik lanserade EcoPure ett CSR-initiativ fokuserat på etisk marknadsföring och samhällsengagemang.

Mål: EcoPures mål var att utveckla och implementera etiska marknadsföringsstrategier som återspeglar dess värderingar om hållbarhet och socialt ansvar, samtidigt som de aktivt engagerar sig med lokala samhällen för att främja sund miljöpraxis.

Implementering: För att uppnå detta mål har EcoPure antagit flera nyckelmetoder:

1. **Etisk marknadsföring:** EcoPure granskade sina marknadsföringsstrategier för att säkerställa att de var i linje med dess hållbarhetsprinciper. Detta inkluderade att främja användningen av återvinningsbart material i sina

förpackningar och att lyfta fram dess ansträngningar för att minska koldioxidavtrycket.

2. **Miljömedvetenhetsprogram:** EcoPure har lanserat medvetenhetsprogram för att utbilda konsumenter om vikten av hållbarhet och miljövänliga metoder i det dagliga livet.

3. **Partnerskap med miljöorganisationer:** EcoPure har samarbetat med lokala och globala miljöorganisationer för att stödja olika bevarande- och hållbarhetsprojekt.

4. **Gemenskapsinitiativ:** EcoPure har organiserat samhällsevenemang, såsom grannstädning och utbildningsseminarier, för att uppmuntra aktivt deltagande i miljöskydd.

5. **Transparens och rapportering:** EcoPure har implementerat rapporteringsmekanismer för att dela sina CSR-framsteg med sina intressenter och därigenom stärka transparens och förtroende.

Resultat: EcoPures CSR-initiativ ledde till flera positiva resultat:

- **Varumärkesstärkande:** EcoPures engagemang för hållbarhet och socialt ansvar har stärkt dess varumärkesimage och rykte bland konsumenterna.

- **Ökat samhällsengagemang:** Gemenskapsinitiativ har stärkt EcoPures kontakter med lokala samhällen, genererat goodwill och ökat stöd för varumärket.
- **Positiv miljöpåverkan:** Uppsökande program och partnerskap har haft en positiv inverkan på miljön och bidragit till mer hållbara metoder inom samhället.
- **Kundlojalitet:** EcoPures transparens och engagemang för CSR har stärkt kundlojalitet och attraherat konsumenter som värdesätter etik och hållbarhet.

Slutsats: Fallstudien med EcoPure visar vikten och effektiviteten av en etisk marknadsföringsstrategi och ett starkt samhällsengagemang som en del av ett CSR-initiativ. Genom att anpassa sin affärspraxis till sina hållbarhetsvärderingar har EcoPure inte bara stärkt sin varumärkesimage och stärkt sina relationer med samhällen, utan har också bidragit avsevärt till viktiga miljöfrågor, vilket visar den avgörande roll som företag kan spela en roll för att främja en mer hållbar framtida.

14. GourmetDelights innehållsmarknadsföringsstrategi: Skapa en passionerad gemenskap kring mat

Sammanhang: GourmetDelight, ett företag som specialiserat sig på förstklassiga livsmedelsprodukter, var ute efter att etablera en stark och engagerande onlinenärvaro för att få kontakt med matälskare. För att uppnå detta mål beslutade GourmetDelight att lansera en innehållsmarknadsföringsstrategi som syftar till att skapa en onlinegemenskap av mat- och matlagningsentusiaster.

Mål: GourmetDelights mål var att utveckla rikt och engagerande innehåll som inte bara informerar och utbildar, utan också skapar en känsla av tillhörighet och engagemang bland mat- och matlagningsentusiaster.

Implementering: För att uppnå detta mål antog GourmetDelight flera nyckelstrategier:

1. **Blogg och artiklar:** GourmetDelight har lanserat en dedikerad blogg som erbjuder en mängd olika artiklar, allt från exklusiva recept och kocktips till berättelser om ingrediensens ursprung och kulinariska trender.

2. **Videor och handledningar:** Matlagningsvideor och handledningar har producerats, med kända kockar och matexperter, för att ge en interaktiv och visuell inlärningsupplevelse.

3. **Sociala medier:** GourmetDelight har aktivt använt sociala medier för att dela innehåll, interagera med följare och

uppmuntra användare att dela sina egna kulinariska upplevelser och skapelser.

4. **Onlineevenemang och webbseminarier:** Onlineevenemang, såsom webbseminarier och virtuella provningar, har organiserats för att föra samman communityn och erbjuda exklusiva upplevelser.

5. **Nyhetsbrev:** Ett regelbundet nyhetsbrev har skapats för att hålla samhället informerat om de senaste nyheterna, specialerbjudanden och evenemang.

6. **Partnerskap med influencers:** Partnerskap med kulinariska influencers har etablerats för att utöka innehållets räckvidd och locka nya medlemmar till communityn.

Resultat: GourmetDelights strategi för innehållsmarknadsföring ledde till flera positiva resultat:

- **Gemenskapstillväxt:** GourmetDelights onlinecommunity har vuxit snabbt, med en betydande ökning av prenumeranter och aktiva deltagare.

- **Ökat engagemang:** Interaktivt och pedagogiskt innehåll genererade högt engagemang, med kommentarer, delningar och interaktioner som ökade på alla plattformar.

- **Kundlojalitet:** Att skapa en passionerad community har stärkt kundlojalitet, med positiv feedback på produkterna och upplevelserna som erbjuds av GourmetDelight.
- **Ökad försäljning:** Innehållsstrategin ledde till en ökning av försäljningen, där communitymedlemmar blev vanliga kunder och varumärkesambassadörer.

Slutsats: Fallstudien GourmetDelight illustrerar effektiviteten av en väl utformad innehållsmarknadsföringsstrategi för att bygga och engagera en onlinegemenskap. Genom att tillhandahålla rikt, interaktivt innehåll som resonerar med publikens passioner, har GourmetDelight inte bara stärkt sin onlinenärvaro, utan också etablerat en stark och varaktig relation med sina kunder, vilket visar kraften i innehåll för att bygga en lojal och engagerad varumärkesgemenskap.

Expertintervjuer

1. "Navigera i AI-eran": Intervju med Dr. Sophie Lemaire, specialist på artificiell intelligens och marknadsföring

Bakgrund: Artificiell intelligens (AI) revolutionerar många branscher, inklusive marknadsföring. För att bättre förstå denna utveckling genomfördes en intervju med Dr. Sophie Lemaire, en erkänd specialist inom området AI som tillämpas på marknadsföring.

Mål för intervjun: Målet var att samla in insikter om effekterna av AI i marknadsföring, associerade utmaningar och bästa praxis för att effektivt integrera AI i marknadsföringsstrategier.

Nyckelpunkter i intervjun:

1. **Rollen för AI i modern marknadsföring:**

   o   Dr. Lemaire förklarade hur AI förändrar marknadsföring, inklusive möjliggör djupare personalisering, prediktiv analys av konsumenttrender och automatisering av repetitiva uppgifter.

2. **AI-integreringsutmaningar:**

   o   Hon lyfte fram utmaningar med att integrera AI, såsom behovet av kvalitetsdata, etiska och integritetsproblem, och behovet av specialiserade färdigheter för att hantera AI-teknik.

3. **Framgångsexempel på AI inom marknadsföring:**

   o   Dr. Lemaire delade fallstudier där AI framgångsrikt har använts för att förbättra kundernas engagemang, optimera reklamkampanjer och öka försäljningen.

4. **Framtiden för AI inom marknadsföring:**

o   Hon diskuterade framtida trender och förutspådde en ökning av användningen av AI för dynamiskt innehållsskapande, kundrelationshantering och prediktiv marknadsföring.

5. **Tips för företag som använder AI:**

o   Dr. Lemaire rådde företag att börja smått, fokusera på tydliga mål och se till att de har resurserna att hantera och tolka AI-genererad data.

6. **Inverkan av AI på marknadsföringsfärdigheter:**

o   Hon diskuterade också effekterna av AI på de färdigheter som krävs inom marknadsföring, och betonade vikten av att förstå data, analytiskt tänkande och förmågan att samarbeta med teknik.

Intervjuslutsats: Intervjun med Dr. Sophie Lemaire erbjöd värdefulla perspektiv på den växande betydelsen av AI i marknadsföring. Dess insikter belyser hur företag kan navigera i denna nya era och utnyttja AI för att förbättra sina marknadsföringsstrategier samtidigt som de förblir uppmärksamma på etiska utmaningar och implikationer. Det här samtalet belyser vikten av att marknadsförare ständigt anpassar sig och utbildar sig för att förbli relevanta i ett ständigt föränderligt landskap.

2. "The Future of Digital

Advertising": Diskussion med Marc Dubois, pionjär inom programmatisk annonsering

Sammanhang: Digital reklam utvecklas ständigt, och programmatisk reklam är i framkant av denna transformation. För att utforska detta ämne fördes en djupgående diskussion med Marc Dubois, en erkänd expert och pionjär inom området programmatisk reklam.

Diskussionsmål: Målet var att förstå nuvarande och framtida trender inom digital reklam, särskilt programmatisk reklam, och att få insikter om hur företag kan anpassa sig och dra nytta av denna utveckling.

Viktiga diskussionspunkter:

1. **Aktuellt tillstånd för programmatisk annonsering:**

   o Marc Dubois började med att förklara hur programmatisk annonsering har revolutionerat det digitala annonslandskapet, vilket gör det möjligt för annonsörer att köpa annonsutrymme på ett mer effektivt och målinriktat sätt genom automatisering och dataanalys.

2. **Utmaningar och möjligheter:**

   o Han lyfte fram de utmaningar som programmatisk reklam står inför, särskilt när det gäller integritet och datatransparens. Men han lyfte också fram de enorma möjligheter det erbjuder när det gäller exakt inriktning och prestationsmätning.

3. **Effekten av artificiell intelligens:**

o Dubois diskuterade den växande effekten av AI i programmatisk annonsering, inklusive för budgivningsoptimering i realtid, annonspersonalisering och förutsägelse av konsumentbeteenden.

4. **Digital reklams framtid:**

o Han delade sin vision för framtiden för digital reklam och förutspådde en ökning av användningen av förstärkt och virtuell verklighet, samt framväxten av nya interaktiva reklamformat.

5. **Tips för annonsörer:**

o Marc Dubois rådde annonsörer att hålla sig uppdaterade med de senaste teknologierna och trenderna, fokusera på att skapa kvalitetsinnehåll och anta ett konsumentcentrerat tillvägagångssätt för att förbli konkurrenskraftig.

6. **Utveckling av marknadsföringsfärdigheter:**

o Han diskuterade också de utvecklande färdigheter som krävs inom digital marknadsföring, och betonade vikten av att förstå framväxande teknologier, dataanalys och kreativitet.

Diskussion Slutsats: Diskussionen med Marc

Dubois erbjöd värdefulla perspektiv på den snabba utvecklingen av digital reklam och den avgörande rollen av programmatisk reklam. Dess insikter belyser vikten av att företag anpassar sig till tekniska förändringar, upprätthåller etiska standarder och fokuserar på att skapa reklamkampanjer som resonerar med deras publik. Det här samtalet belyser att även om teknik är en nyckelfaktor, är kreativitet och konsumentförståelse fortfarande kärnan i framgången med digital reklam.

3. "Vinnande innehållsstrategier": Råd från Julia Renard, chefredaktör och innehållsstrateg

Bakgrund: I en digital värld där innehåll är kung, är utvecklingen av en effektiv innehållsstrategi avgörande för framgången för alla onlineföretag. Julia Renard, en erfaren redaktör och innehållsstrateg, delar med sig av sina tips om hur man skapar vinnande innehållsstrategier.

Intervjumål: Målet var att samla in praktiska tips och beprövade strategier för att skapa engagerande, informativt och inflytelserik innehåll som kan fängsla publiken och främja affärstillväxt.

Nyckelpunkter i intervjun:

   1. **Förstå publiken:**

     o   Julia Renard betonade vikten

av att djupt förstå målgruppen. Hon råder att göra djupgående forskning för att fånga publikens intressen, behov och preferenser, för att skapa innehåll som verkligen resonerar med dem.

2. **Skapande av kvalitetsinnehåll:**

o   Hon betonade vikten av kvalitet framför kvantitet. Innehållet måste vara väl undersökt, välskrivet och ge verkligt värde. Hon rekommenderar att du använder berättelser och verkliga exempel för att göra innehållet mer relaterbart och minnesvärt.

3. **Koherens och varumärke:**

o   Julia betonade vikten av att bibehålla konsistens i ton, stil och budskap för att stärka varumärkesidentiteten. Varje del av innehållet ska spegla varumärkets personlighet och värderingar.

4. **Optimering för SEO:**

o   Hon gav råd att införliva SEO-strategier i innehållsskapande för att förbättra synlighet online. Detta inkluderar att använda relevanta nyckelord, skapa catchy titlar och producera innehåll som svarar på vanliga användarfrågor.

5. **Användning av sociala medier:**

o   Julia rekommenderade att använda sociala medier för att marknadsföra innehåll och engagera sig direkt med publiken. Hon föreslår olika format (inlägg, videor, infografik) för att upprätthålla engagemang.

6. **Mätning och analys:**

o   Hon betonade vikten av att regelbundet mäta innehållets prestanda med hjälp av analysverktyg. Att förstå vad som fungerar och vad som inte gör att du kan anpassa strategin därefter.

Intervjuslutsats: Intervjun med Julia Renard ger värdefulla insikter om att skapa effektiva innehållsstrategier. Hans råd lyfter fram vikten av att förstå publiken, producera kvalitetsinnehåll, upprätthålla varumärkeskonsistens, optimera för SEO, använda sociala medier för engagemang och mäta prestanda för kontinuerliga justeringar. Dessa strategier är viktiga för alla företag som vill etablera en stark onlinenärvaro och på ett autentiskt sätt få kontakt med sin publik.

4. "The Power of Augmented Reality": Perspektiv från Alex Tremblay, innovatör inom AR och VR

Sammanhang: Augmented reality (AR) och virtuell verklighet (VR) förändrar många branscher och ger uppslukande och interaktiva upplevelser. Alex Tremblay, en erkänd innovatör inom området AR och VR, delar med sig av sina perspektiv på effekterna och tillämpningarna av dessa teknologier.

Intervjumål: Målet var att utforska de möjligheter som AR och VR erbjuder, särskilt i samband med marknadsföring och kundengagemang, och att förstå hur företag kan utnyttja dessa teknologier för att förbättra sina affärsstrategier.

Nyckelpunkter i intervjun:

1. **Potential för AR och VR:**

   o   Alex Tremblay började med att lyfta fram den enorma potentialen hos AR och VR för att skapa fängslande kundupplevelser. Han förklarade hur dessa tekniker tillåter användare att fördjupa sig i virtuella miljöer eller förbättra sin nuvarande verklighet med digital information.

2. **Applikationer inom marknadsföring:**

   o   Tremblay diskuterade tillämpningarna av AR och VR i marknadsföring, inklusive virtuella produktprövningar, uppslukande butiks- eller fastighetsvisningar och interaktiva reklamkampanjer.

3. **Utmaningar och lösningar:**

   o   Han diskuterade de tekniska och ekonomiska utmaningarna med att anta AR och VR, samtidigt som han betonade vikten av att utveckla engagerande och tillgängligt innehåll för att säkerställa framgångsrik konsumentanpassning.

4. **Inverkan på kundupplevelsen:**

o   Tremblay förklarade hur AR och VR kan berika kundupplevelsen och ge möjligheter till interaktion och engagemang som går utöver traditionella metoder.

5. **Framtiden för AR och VR:**

o   Han delade sin vision för framtiden för dessa teknologier, och förutsåg ytterligare integration i det dagliga livet och fortsatta förbättringar av deras tillgänglighet och användarvänlighet.

6. **Råd till företag:**

o   Alex Tremblay rådde företag intresserade av AR och VR att börja med pilotprojekt för att testa konsumenternas intresse och respons, samtidigt som de förblir uppmärksamma på den tekniska utvecklingen och branschens bästa praxis.

Intervjuslutsats: Intervjun med Alex Tremblay ger värdefulla insikter om den transformativa potentialen hos AR och VR, särskilt inom området marknadsföring och kundengagemang. Hans insikter lyfter fram vikten för företag att förstå dessa teknologier, utforska deras praktiska tillämpningar och integrera dem strategiskt för att berika kundupplevelsen och sticka ut på en konkurrensutsatt marknad.

5. "Blockchain and Marketing": Vision of the Future med Anil

Gupta, Blockchain Expert

Sammanhang: Blockchain, ofta förknippad med kryptovalutor, har applikationer långt bortom finans. Anil Gupta, expert på blockchainteknik, utforskar dess potential inom marknadsföringsområdet.

Intervjumål: Målet var att förstå hur blockchain kan förändra marknadsföring, vad gäller transparens, datasäkerhet och nya kampanjmöjligheter.

Nyckelpunkter i intervjun:

1. **Introduktion till Blockchain i marknadsföring:**

   o   Anil Gupta började med att förklara grunderna för blockchain och hur dess decentraliserade och säkra karaktär kan gynna marknadsföring. Han lyfte fram vikten av transparens och spårbarhet som blockchain kan tillföra marknadsföringskampanjer.

2. **Praktiska tillämpningar:**

   o   Gupta diskuterade verkliga tillämpningar av blockchain i marknadsföring, såsom säker hantering av kunddata, transparent spårning av leveranskedjor för marknadsföring av produkter och skapa mer effektiva och säkra lojalitetsprogram.

3. **Personalisering och sekretess:**

   o   Han lyfte fram hur blockchain kan

balansera marknadsföringspersonalisering med datasekretess. Genom att använda blockchain kan företag leverera personliga upplevelser samtidigt som konsumenterna får större kontroll över sin data.

4. **Inverkan på digital annonsering:**

o Gupta diskuterade blockchains potentiella inverkan på digital reklam, inklusive att minska annonsbedrägeri och förbättra kampanjtransparens.

5. **Utmaningar och begränsningar:**

o Han diskuterade också utmaningarna med att anta blockchain i marknadsföring, såsom teknisk komplexitet, behovet av standardisering och regulatoriska frågor.

6. **Framtidsvision:**

o Avslutningsvis delade Anil Gupta sin vision för framtiden för blockchain inom marknadsföring. Han förutser ökande användning av blockchain, vilket leder till mer transparenta, säkra och konsumentcentrerade kampanjer.

Intervjuslutsats: Intervjun med Anil Gupta ger ett djupgående perspektiv på blockkedjans revolutionerande potential inom marknadsföring. Dess insikter avslöjar hur den här tekniken kan förändra hur företag hanterar kunddata, driver reklamkampanjer och bygger förtroende hos sin publik. För marknadsförare kan förståelse och antagande av blockchain vara en nyckelfaktor för att förbli konkurrenskraftig i en ständigt föränderlig digital framtid.

6. "E-handelsrevolution": Insikter från Mia Zhang, VD för E-Shop Innovations

Sammanhang: E-handeln har genomgått en snabb och kontinuerlig förändring, vilket har djupt påverkat konsumenternas köpvanor. Mia Zhang, VD för E-Shop Innovations, ett ledande e-handelslösningsföretag, delar med sig av sina insikter om nuvarande och framtida branschtrender.

Intervjumål: Målet var att samla expertperspektiv på e-handelsrevolutionen, med fokus på tekniska innovationer, digitala marknadsföringsstrategier och förändrade konsumentförväntningar.

Nyckelpunkter i intervjun:

1. **Evolution av elektronisk handel:**

   o   Mia Zhang började med att diskutera den snabba utvecklingen av e-handel och lyfte fram hur tekniken har förändrat hur människor köper och säljer produkter. Den belyste den växande betydelsen av användarupplevelse i e-handelsplattformar.

2. Tekniska innovationer:

o   Zhang   talade
om   de   senaste   innovationerna,
såsom artificiell intelligens, förstärkt
verklighet och chatbots, som förändrar
shoppingupplevelsen online genom att
göra den mer interaktiv och personlig.

3. Digital marknadsföringsstrategier:

o   Hon delade insikter om effektiva
digitala marknadsföringsstrategier inom
e-handel, inklusive vikten av SEO,
innehållsmarknadsföring och sociala
medier för att attrahera och behålla
kunder.

4. Konsumentbeteende:

o   Zhang diskuterade förändrade
konsumentbeteenden och betonade den
växande efterfrågan på snabba, säkra och
personliga shoppingupplevelser online.

5. Utmaningar och möjligheter:

o   Hon tog upp de utmaningar som
återförsäljare online står inför, inklusive
hantering av logistik, ökad konkurrens
och behovet av ständig anpassning till ny
teknik.

6. Framtiden för elektronisk handel:

o   Avslutningsvis delade Mia Zhang
sin vision för framtiden för e-handel,
och förutsåg ytterligare integrering av
avancerad teknologi och ett ökat fokus på

personlig och omnikanal kundupplevelse.
Intervjuslutsats: Intervjun med Mia Zhang ger värdefulla insikter om e-handelns ständigt föränderliga dynamik. Dess insikter lyfter fram vikten av teknisk innovation och djup förståelse för konsumentbeteende för att lyckas med modern e-handel. För företag som är verksamma inom denna sektor är det viktigt att ligga i teknikens framkant och snabbt anpassa sig till marknadsförändringar för att förbli konkurrenskraftiga och effektivt möta konsumenternas behov.

7. "Engagemang i sociala medier": Strategier från Laura Martinez, konsult för sociala medier

Sammanhang: I en värld där sociala medier har blivit en central del av kommunikation och marknadsföring är engagemang på dessa plattformar avgörande för affärsframgång. Laura Martinez, en erfaren social mediakonsult, delar med sig av sina strategier för att maximera engagemanget och bygga varumärkens onlinenärvaro.

Intervjumål: Målet var att samla in effektiva strategier och praktiska tips för att förbättra engagemanget i sociala medier, med fokus på bästa praxis för att få kontakt med publiken och bygga varumärkets synlighet.

Nyckelpunkter i intervjun:

1. **Förstå publiken:**

o   Laura Martinez betonade vikten av att djupt förstå målgruppen. Hon rekommenderar att man analyserar demografi, intressen och beteenden för att skapa innehåll som resonerar med publiken.

2. **Kvalitet och konsekvent innehåll:**

o   Hon insisterade på behovet av att producera kvalitetsinnehåll, konsekvent och i linje med varumärkets identitet. Innehållet ska vara informativt, underhållande och engagerande för att uppmuntra till interaktion.

3. **Interaktion och lyhördhet:**

o   Martinez rådde att svara snabbt på kommentarer och meddelanden för att bygga upp förtroende hos publiken. Regelbunden interaktion ökar abonnenternas engagemang och lojalitet.

4. **Användning av plattformsfunktioner:**

o   Hon rekommenderade att fullt ut utnyttja funktionerna som erbjuds av varje plattform, som Instagram Stories, Twitter Polls eller Facebook Live Video, för att diversifiera innehållet och öka engagemanget.

5. **Kampanjer och samarbeten:**

o   Laura föreslog att köra

interaktiva kampanjer, som tävlingar eller utmaningar, och att samarbeta med influencers för att utöka räckvidden och attrahera nya följare.

6. **Mätning och analys:**

o   Hon betonade vikten av att regelbundet mäta prestanda med hjälp av analysverktyg för att förstå vad som fungerar och vad som inte fungerar, så att strategin kan anpassas därefter.

Intervjuslutsats: Intervjun med Laura Martinez ger värdefulla insikter om att optimera engagemang i sociala medier. Hans råd belyser vikten av att förstå publiken, skapa kvalitetsinnehåll, aktivt interagera med prenumeranter, utnyttja plattformsfunktioner och mäta effekten av vidtagna åtgärder. För varumärken som vill stärka sin onlinenärvaro kan antagandet av dessa strategier leda till ett betydande ökat engagemang och förbättrad synlighet på sociala medier.

8. "Dataanalys för marknadsföring": Avancerade tekniker med Dr. Rajesh Kumar, dataforskare

Bakgrund: Dataanalys spelar en avgörande roll i modern marknadsföring, vilket gör det möjligt för företag att fatta välgrundade beslut och optimera sina strategier. Dr. Rajesh Kumar, en känd dataforskare, delar med sig av sina insikter om att använda avancerade dataanalystekniker i marknadsföring.

Intervjumål: Målet var att utforska metoderna och tillämpningarna för avancerad dataanalys inom marknadsföring, med fokus på hur företag kan använda dessa tekniker för att förbättra effektiviteten i deras marknadsföringskampanjer.

Nyckelpunkter i intervjun:

1. **Betydelsen av dataanalys:**

   o   Dr. Kumar började med att lyfta fram vikten av dataanalys för att förstå konsumentbeteende och mäta effektiviteten av marknadsföringskampanjer.

2. **Avancerade analystekniker:**

   o   Han diskuterade avancerade tekniker som maskininlärning, prediktiv analys och naturlig språkbehandling. Dessa tekniker gör det möjligt att identifiera trender, förutsäga konsumentbeteende och optimera kampanjer i realtid.

3. **Personalisering av marknadsföring:**

   o   Dr. Kumar förklarade hur dataanalys möjliggör ytterligare personalisering av marknadsföringskampanjer, inriktad på konsumenter med budskap och erbjudanden skräddarsydda för deras individuella behov och preferenser.

4. **Marknadssegmentering:**

o	Han betonade vikten av datadriven marknadssegmentering, vilket gör det möjligt för företag att rikta sig mot specifika grupper mer effektivt.

5. **Prestandamätning:**

o	Dr Kumar diskuterade metoder för att mäta och analysera resultatet av marknadsföringskampanjer, med hjälp av nyckeltal (KPI) för att bedöma avkastningen på investeringen (ROI).

6. **Utmaningar och lösningar:**

o	Han diskuterade också utmaningarna med dataanalys, som att hantera stora mängder data och se till att konsumenternas integritet skyddas.

Intervjuslutsats: Intervjun med Dr. Rajesh Kumar erbjuder värdefulla insikter om tillämpningen av avancerad dataanalys i marknadsföring. Dess insikter belyser vikten av att strategiskt använda data för att förstå konsumenter, anpassa kampanjer och mäta effektiviteten av marknadsföringsinsatser. För företag som vill optimera sina marknadsföringsstrategier är det viktigt att anta dessa avancerade dataanalystekniker för att förbli konkurrenskraftiga i en allt mer datadriven affärsmiljö.

9. "Personalisering i den digitala tidsåldern": Intervju med

Emily Robinson, expert på personlig marknadsföring

Bakgrund: Personalisering har blivit en viktig del av digital marknadsföring, vilket gör att företag kan få kontakt med sina kunder på ett mer meningsfullt och effektivt sätt. Emily Robinson, en personlig marknadsföringsexpert, delar med sig av sina insikter om bästa praxis och trender inom detta område.

Intervjumål: Målet var att förstå hur företag kan använda personalisering för att förbättra kundengagemang, öka konverteringar och bygga varumärkeslojalitet i dagens digitala miljö.

Nyckelpunkter i intervjun:

1. **Vikten av personalisering:**
   o   Emily Robinson började med att lyfta fram den växande betydelsen av personalisering i digital marknadsföring. Hon förklarade hur personalisering kan förbättra kundupplevelsen genom att göra interaktioner mer relevanta och engagerande.

2. **Användning av data för personalisering:**
   o   Hon diskuterade att använda kunddata för att skapa personliga upplevelser. Detta inkluderar att analysera köpbeteenden, preferenser och tidigare interaktioner för att erbjuda skräddarsydda rekommendationer och innehåll.

3. **Personaliseringstekniker:**

o   Robinson diskuterade de olika teknologierna som underlättar personalisering, såsom artificiell intelligens, maskininlärning och marknadsföringsautomation, som möjliggör personalisering i stor skala.

4. **Personliga innehållsstrategier:**

o   Hon delade strategier för att skapa effektivt personligt innehåll, och betonade vikten av att förstå varje kundsegments unika behov och önskemål.

5. **Anpassningsutmaningar:**

o   Emily diskuterade också utmaningarna med personalisering, inklusive att hantera datasekretess och balansera personalisering med informationsöverbelastning.

6. **Framtiden för personalisering:**

o   Avslutningsvis delade hon sin vision för framtiden för personalisering inom digital marknadsföring, och förutspådde en ökning av antagandet av avancerad teknik och ännu mer förfinad och integrerad personalisering.

Intervjuslutsats: Intervjun med Emily Robinson ger värdefulla insikter om personalisering inom digital marknadsföring. Hans råd belyser vikten av att strategiskt använda data och teknik för att skapa personliga och minnesvärda kundupplevelser. För företag som vill sticka ut i ett myllrande digitalt landskap är det viktigt att anta avancerade personaliseringsstrategier för att effektivt engagera kunder och bygga varumärkeslojalitet.

10. "SEO och synlighet online": Tips från Kevin Patel, SEO-guru

Sammanhang: I en digital värld där synlighet online är avgörande för affärsframgång, spelar naturlig referens (SEO) en avgörande roll. Kevin Patel, en erkänd SEO-expert, delar med sig av sina tips och strategier för att förbättra företags synlighet online.

Intervjumål: Målet var att samla in praktiska tips och beprövade strategier för att optimera SEO och förbättra företags onlinenärvaro, med fokus på bästa praxis för att öka organisk trafik och sökmotorsynlighet.

Nyckelpunkter i intervjun:

1. **Vikten av SEO:**

   o Kevin Patel började med att lyfta fram vikten av SEO i dagens digitala marknadsföring. Han förklarade hur bra SEO kan leda till ökad synlighet, kvalitetstrafik och bättre trovärdighet online.

2. **Nyckelordssökning:**

   o Patel betonade vikten av sökordsforskning för att förstå vad målgruppen letar efter. Han rekommenderade att använda sökordsforskningsverktyg för att identifiera relevanta termer med hög potential.

3. **On-Page Optimering:**

o   Han delade med sig av tips för optimering på sidan, inklusive att skapa övertygande titlar och metabeskrivningar, använda H1- och H2-taggar på rätt sätt och optimera bilder.

4. **Kvalitetsinnehåll:**

o   Kevin betonade vikten av att producera kvalitetsinnehåll som är informativt och relevant för publiken. Han rekommenderade att skapa innehåll som svarar på användarnas frågor och ger mervärde.

5. **Teknisk SEO:**

o   Han berörde den tekniska sidan av SEO och pratade om vikten av sajtladdningshastighet, mobilkompatibilitet och ren URL-struktur.

6. **Bakåtlänkar och domänmyndighet:**

o   Patel diskuterade vikten av bakåtlänkar för att bygga domänauktoritet. Han rekommenderade att anta etiska länkbyggande strategier för att få kvalitetslänkar från auktoritativa webbplatser.

7. Mätning och analys:

o   Slutligen betonade han vikten av att mäta och analysera SEO-prestanda med hjälp av verktyg som Google Analytics och Google Search Console för att förstå vad som fungerar och vad som kan förbättras.

Intervjuslutsats: Intervjun med Kevin Patel ger värdefulla insikter om att optimera SEO för att förbättra synlighet online. Hans råd belyser vikten av en välplanerad SEO-strategi, inklusive sökordsforskning, optimering på sidan, skapande av kvalitetsinnehåll, tekniska aspekter och en solid bakåtlänksstrategi. För företag som vill öka sin onlinenärvaro kan det leda till en avsevärd förbättring av deras sökmotorsynlighet och en ökning av deras organiska trafik att följa dessa tips.

11. "Mobilmarknadsföring och applikationer": Trender och råd från Omar Farooq, mobilapplikationsutvecklare

Bakgrund: Med den stadiga ökningen av smartphoneanvändning har mobil marknadsföring och appar blivit viktiga verktyg för att nå konsumenter. Omar Farooq, en erfaren mobilapputvecklare, delar med sig av sina perspektiv på de senaste trenderna och ger tips för framgång inom mobil marknadsföring.

Intervjumål: Målet var att utforska nuvarande och

framtida mobila marknadsföringsstrategier, med fokus på hur företag kan använda mobilappar för att förbättra kundernas engagemang och öka försäljningen.

Nyckelpunkter i intervjun:

1. **Den växande betydelsen av mobil marknadsföring:**

   o   Omar Farooq började med att lyfta fram den växande betydelsen av mobil marknadsföring i dagens landskap. Han förklarade hur smartphones har blivit en föredragen kommunikationskanal för många konsumenter.

2. **Mobilapplikationsutveckling:**

   o   Farooq delade med sig av insikter om utveckling av mobilappar och betonade vikten av att skapa intuitiva, snabba och engagerande appar som levererar verkligt värde för användarna.

3. **Personalisering   och användarupplevelse:**

   o   Han betonade vikten av personalisering i mobilapplikationer för att förbättra användarupplevelsen. Farooq rekommenderade att använda användardata för att leverera personliga och relevanta upplevelser.

4. **Integrering av avancerade funktioner:**

   o   Omar diskuterade att integrera avancerade funktioner som augmented reality, chatbots och artificiell intelligens för att berika användarupplevelsen och öka engagemanget.

5. **Intäktsgenereringsstrategier:**

o Han diskuterade olika intäktsgenereringsstrategier för mobilappar, inklusive köp i appar, prenumerationer och riktad annonsering.

6. **Vikten av uppdateringar och support:**

o Farooq betonade vikten av att hålla appar uppdaterade med de senaste funktionerna och ge snabb support för att förbättra användarnas tillfredsställelse.

7. **Framtida trender inom mobil marknadsföring:**

o Avslutningsvis delade han sin vision för framtida trender inom mobil marknadsföring, och förutsåg en ökning av användningen av framväxande teknologier för att skapa mer uppslukande och interaktiva användarupplevelser.

Intervjuslutsats: Intervjun med Omar Farooq ger värdefulla perspektiv på mobil marknadsföring och apputveckling. Hans råd belyser vikten av att skapa användarcentrerade mobilappar som integrerar avancerade funktioner och ger personliga upplevelser. För företag som vill sticka ut på en fullsatt mobilmarknad kan antagandet av dessa strategier leda till avsevärt förbättrat kundengagemang och ökade intäkter.

12. "Influencers and Brands": Effektivt samarbete med Sarah Johnson, Influencer Marketing Specialist

Sammanhang: Influencer-marknadsföring har blivit en viktig del av varumärkesstrategier i dagens digitala värld. Sarah Johnson, en känd expert inom influencer marketing, delar med sig av sina insikter om hur varumärken effektivt kan samarbeta med influencers för att maximera deras inverkan.

Intervjumål: Målet var att utforska bästa praxis för samarbeten mellan varumärken och influencers, med fokus på att skapa partnerskap som är autentiska och fördelaktiga för båda parter.

Nyckelpunkter i intervjun:

1. **Val av influencers:**

o   Sarah Johnson började med att betona vikten av att välja influencers vars image och värderingar matchar varumärkets. Hon rådde att analysera influencerns publik, engagemang och trovärdighet innan ett partnerskap etablerades.

2. **Utveckla autentiska relationer:**

o   Hon betonade vikten av att utveckla autentiska relationer med influencers. Detta innebär att arbeta med influencers som verkligen brinner för varumärket och dess produkter.

3. Innehållsstrategier:

o Johnson diskuterade innehållsstrategier för influencer-kampanjer, och rekommenderade att låta influencers ha lite kreativ frihet att producera innehåll som naturligt resonerar med deras publik.

4. Effektmätning:

o Hon diskuterade vikten av att mäta effekten av influencer-kampanjer med hjälp av mätvärden som engagemang, räckvidd och avkastning på investeringen (ROI).

5. Trender och innovationer:

o Sarah delade med sig av sin insikt om nuvarande och framtida trender inom influencer marketing, inklusive den växande användningen av mikroinfluencers och integrationen av augmented och virtual reality i kampanjer.

6. Utmaningar och lösningar:

o Hon diskuterade också vanliga utmaningar i varumärkes- och influencersamarbeten, som att hantera förväntningar och bibehålla autenticitet, och erbjöd lösningar för att övervinna dem.

Intervjuslutsats: Intervjun med Sarah Johnson ger värdefulla insikter om varumärkes- och influencersamarbeten i dagens marknadsföring. Hans råd belyser vikten av att välja rätt influencers, utveckla autentiska relationer, skapa engagerande innehåll och mäta effekten av kampanjer. För varumärken som vill utnyttja influencer-marknadsföring kan att följa dessa strategier leda till mer framgångsrika partnerskap och större resonans med sin målgrupp.

13. "Användarupplevelse och webbdesign": Nyckelprinciper med Diego Martinez, UX/UI Designer

Bakgrund: Användarupplevelse (UX) och användargränssnitt (UI) är avgörande för framgången för alla digitala produkter. Diego Martinez, en erfaren UX/UI-designer, delar med sig av sina nyckelprinciper för att skapa engagerande och intuitiva webbupplevelser.

Intervjumål: Målet var att utforska bästa praxis inom UX/UI-design, med fokus på hur man skapar webbplatser och applikationer som möter användarnas behov samtidigt som de är estetiskt tilltalande.

Nyckelpunkter i intervjun:

1. **Användarförståelse:**

   o   Diego Martinez började med att betona vikten av att förstå användarnas behov, önskemål och beteenden. Han rekommenderade omfattande användarundersökningar, inklusive intervjuer och användbarhetstester, för att vägleda designen.

2. **Enkelhet och tydlighet:**

o   Han betonade behovet av att bibehålla enkelhet och tydlighet i designen. Detta inkluderar att använda intuitiv navigering, minska kognitiv överbelastning och skapa rena gränssnitt.

3. **Konsistens i design:**

o   Martinez talade om vikten av konsekvens i designen, genom att använda återkommande designelement, harmoniska färgpaletter och enhetlig typografi för att skapa en konsekvent användarupplevelse.

4. **Responsiv design:**

o   Han diskuterade vikten av responsiv design, att se till att webbplatser och appar fungerar bra på en mängd olika enheter och skärmstorlekar.

5. **Tillgänglighet:**

o   Diego betonade vikten av tillgänglighet i UX/UI-design, vilket säkerställer att digitala produkter är användbara av människor med olika förmågor.

6. **Testning och iteration:**

o   Han rekommenderade kontinuerliga tester med riktiga användare och iteration baserat på feedback för att ständigt förbättra användarupplevelsen.

7. **Trender och innovationer:**

o   Avslutningsvis delade Martinez sitt perspektiv på nuvarande och framtida trender inom UX/UI, såsom införandet av artificiell intelligens, design för bärbara enheter och augmented reality.

Intervjuslutsats: Intervjun med Diego Martinez ger värdefulla insikter om UX/UI-design. Dess nyckelprinciper framhäver vikten av att förstå användare, skapa enkla och konsekventa konstruktioner, säkerställa tillgänglighet och anta ett iterativt tillvägagångssätt baserat på testning. För designers och utvecklare som vill skapa exceptionella webb- och mobilupplevelser kan det leda till mer intuitiva, engagerande och framgångsrika produkter att följa dessa riktlinjer.

14. "Hållbar utveckling och marknadsföring": Etiska förhållningssätt med Nora Khaled, konsult för hållbar utveckling

Sammanhang: I en värld som blir allt mer medveten om miljö- och sociala frågor har hållbar utveckling blivit en avgörande aspekt av marknadsföring. Nora Khaled, en hållbarhetskonsult, delar med sig av sina perspektiv på att integrera hållbara och etiska metoder i marknadsföringsstrategier.

Mål för intervjun: Målet var att utforska hur företag kan anta marknadsföringsmetoder som inte bara respekterar principerna för hållbar utveckling, utan också bidrar till en positiv och ansvarsfull varumärkesimage.

Nyckelpunkter i intervjun:

1. **Vikten av hållbar utveckling i marknadsföring:**

   o   Nora Khaled lyfte fram den växande betydelsen av hållbarhet i konsumenternas beslut. Hon förklarade hur ett hållbart tillvägagångssätt kan stärka ett varumärkes rykte och främja kundlojalitet.

2. **Transparens och autenticitet:**

   o   Hon betonade behovet av att varumärken ska vara transparenta och autentiska i sina hållbara metoder. Detta inkluderar ärlig kommunikation om hållbarhetsarbete och miljöpåverkan.

3. **Grön marknadsföring och kommunikation:**

   o   Khaled diskuterade gröna marknadsföringsstrategier och rekommenderade att lyfta fram företagets gröna initiativ inom marknadskommunikation, samtidigt som han undvek greenwashing.

4. **Engagemang för socialt ansvar:**

   o   Hon betonade vikten av företagens

sociala engagemang och uppmuntrade varumärken att stödja relevanta sociala och miljömässiga orsaker.

5. **Hållbar innovation:**

o Nora tog upp vikten av innovation för att utveckla hållbara produkter och tjänster, och uppmuntrade företag att integrera hållbara metoder från designfasen.

6. **Partnerskap och samarbeten:**

o Hon gav råd om att bilda partnerskap med hållbara organisationer och miljögrupper för att stärka trovärdigheten och effekten av hållbarhetsinitiativ.

7. **Effektmätning:**

o Khaled betonade vikten av att mäta och kommunicera effekten av hållbara initiativ, med hjälp av tydliga mått för att visa företagets engagemang för hållbarhet.

Intervju slutsats: Intervjun med Nora Khaled ger värdefulla insikter om att integrera hållbarhet i marknadsföring. Hans råd belyser vikten av transparens, äkthet, hållbar innovation och socialt engagemang för varumärken som vill anamma etiska marknadsföringsmetoder. För företag som vill positionera sig själva som ansvarsfulla och miljömedvetna kan att följa dessa strategier inte bara förbättra deras varumärkesimage, utan också bidra positivt till samhället och miljön.

Modeller och exempel på strategier

Strategiska planeringsmodeller

Strategisk planering är avgörande för alla företag som vill framgångsrikt navigera i det ständigt föränderliga affärslandskapet. Här är en guide till strategiska planeringsmodeller som kan användas för att strukturera och styra processen att ta fram effektiva strategier.

1. **SWOT-analys (styrkor, svagheter, möjligheter, hot):**

   o   Denna modell innebär att utvärdera ditt företags interna styrkor och svagheter, såväl som externa möjligheter och hot. Det hjälper till att identifiera nyckelområden att fokusera på för att förbättra och växa ditt företag.

2. **SMART-mål (specifika, mätbara, uppnåbara, realistiska, definierade i tid):**

   o   SMARTA mål hjälper dig att sätta upp tydliga, uppnåeliga mål för ditt företag. Denna modell säkerställer att varje mål är specifikt, mätbart, uppnåeligt, realistiskt och tidsbestämt.

3. **Porters femkraftsmodell:**

   o   Denna modell analyserar fem krafter som påverkar konkurrenskraften i en bransch: hotet från nya aktörer, leverantörernas förhandlingsstyrka, kundernas förhandlingsstyrka, hotet från ersättningsprodukter eller tjänster och intensiteten i konkurrensen.

4. **Scenariobaserad planering:**

o   Scenariobaserad planering innebär att skapa olika möjliga framtidsscenarier. Detta hjälper företag att överväga olika möjligheter och utveckla flexibla strategier som kan anpassa sig till oförutsedda förändringar.

5. **McKinsey 7S modell:**

o   Denna modell undersöker sju inbördes relaterade element som utgör en organisation: struktur, strategi, system, stil, människor, färdigheter och gemensamma värderingar. Den används för att säkerställa att alla aspekter av verksamheten är anpassade och fungerar effektivt tillsammans.

6. **Ansoffs strategiska planeringsmodell:**

o   Ansoff-modellen, eller tillväxtmatris, hjälper företag att fastställa sin tillväxtstrategi genom att utvärdera marknads- och produktalternativ, inklusive marknadspenetration, marknadsutveckling, produktutveckling och diversifiering.

7. **Boston Consulting Group (BCG)**

strategiska planeringsmodell:

o   BCG Matrix är ett strategiskt planeringsverktyg som hjälper företag att utvärdera sina produkt- eller affärsenhetsportföljer baserat på deras marknadsandel och marknadstillväxt.

8. **Balanced Scorecard Strategisk Planeringsmodell:**

o   Balanced Scorecard är ett strategiskt ledningsramverk som används för att spåra och hantera organisationens resultat genom att fokusera på nyckelindikatorer från fyra perspektiv: ekonomi, kund, interna processer samt lärande och tillväxt.

9. **Blue Ocean Strategisk Planeringsmodell:**

o   Blue Ocean-modellen uppmuntrar företag att flytta ut från mättade marknader (röda hav) och skapa nya marknadsutrymmen (blå hav) där konkurrensen är mindre intensiv.

10. **PESTEL Strategisk Planeringsmodell:**

o   PESTEL-analys undersöker de politiska, ekonomiska, sociala, tekniska, miljömässiga och juridiska faktorerna som kan påverka ett företag. Den används för att identifiera externa trender som kan påverka företagets strategi.

Var och en av dessa modeller erbjuder ett unikt

tillvägagångssätt för att hjälpa företag att utveckla effektiva strategier och planera för framtiden. Genom att använda dem kan företag bättre förstå sin miljö, identifiera tillväxtmöjligheter och förbereda sig för framtida utmaningar.

Exempel på digitala marknadsföringsstrategier

Digital marknadsföring är ett dynamiskt och ständigt utvecklande område. Här är verkliga exempel på digitala marknadsföringsstrategier som kan användas för att förbättra synlighet, engagemang och konvertering.

1. **Sökmotoroptimering (SEO):**

   o **Exempel:** Ett modeföretag implementerar en omfattande SEO-strategi, inklusive sökordsforskning för att identifiera de mest sökta termerna inom sin sektor, optimering av dess webbplatsinnehåll och bygga kvalitetslänkar för att förbättra sin rankning i sökresultaten.

2. **Innehållsmarknadsföring:**

   o **Exempel:** En sportutrustningstillverkare utvecklar en innehållsrik blogg som erbjuder träningstips, produktrecensioner och inspirerande berättelser från idrottare. Innehåll delas regelbundet på sociala medier för att öka engagemanget och driva trafik till sajten.

3. Marknadsföring på sociala medier:

o **Exempel:** En teknisk startup använder sociala medier för att dela produktuppdateringar, kundrekommendationer och demovideor. Hon engagerar också sin publik genom live frågor och svar och tävlingar.

4. Betald annonsering (PPC):

o **Exempel:** En lokal restaurang lanserar en betald reklamkampanj på Google Ads och Facebook, inriktad på specifika sökord och lokala målgrupper för att marknadsföra sina specialerbjudanden och öka antalet bokningar.

5. E-post marknadsföring:

o **Exempel:** En onlinebokhandel skapar ett månatligt nyhetsbrev som erbjuder bokrecensioner, författarintervjuer och exklusiva rabatter. Den segmenterar sin prenumerantlista för att anpassa läsrekommendationer baserat på varje prenumerants intressen.

6. Influencer Marketing:

o **Exempel:** Ett kosmetikamärke samarbetar med influencers på Instagram och YouTube för att skapa innehåll kring sina produkter. Influencers delar med sig av sina erfarenheter av produkterna och erbjuder rabattkoder till sina följare.

7. Videoinnehållsstrategier:

o   **Exempel:** Ett fitnessföretag skapar en serie tränings- och hälsotipsvideor på YouTube, som lockar en engagerad publik och ökar varumärkesmedvetenheten.

8. **Mobiloptimering och applikationsmarknadsföring:**

o   **Exempel:** En app för matleverans optimerar sin webbplats och app för mobila enheter, vilket ger en sömlös användarupplevelse. Den använder också riktade reklamkampanjer för att uppmuntra nedladdningar av applikationen.

9. **Automatiserade marknadsföringsstrategier:**

o   **Exempel:** En B2B-tjänsteleverantör använder automationsverktyg för att spåra potentiella kunder, skicka personliga e-postmeddelanden baserat på användarbeteende och vårda framtidsutsikter under hela kundresan.

10. **Användning av data och analys för beslutsfattande:**

o   **Exempel:** En onlineåterförsäljare använder analysverktyg för att spåra användarbeteende på sin webbplats, identifiera de mest populära produkterna och anpassa sitt lager och marknadsföringsstrategi därefter.

Dessa exempel illustrerar hur olika digitala

marknadsföringsstrategier kan tillämpas i olika sammanhang för att uppnå specifika mål, förbättra kundernas engagemang och driva affärstillväxt.

Influencer marknadsföringsstrategier

Influencer-marknadsföring är en nyckelstrategi i dagens digitala värld, som låter varumärken få kontakt med sin målgrupp genom inflytelserika personligheter på sociala medier. Här är detaljerade strategier för att implementera effektiv influencer marketing.

1. **Identifiering och urval av relevanta influencers:**

   o **Strategi:** Leta efter influencers vars målgrupp matchar ditt varumärkes. Använd analysverktyg för sociala medier för att bedöma deras räckvidd, engagemang och relevans. Gynna influencers vars stil och värderingar matchar ditt varumärkes.

2. **Utveckla autentiska relationer med influencers:**

   o **Strategi:** Bygg långsiktiga relationer med influencers. Börja med autentiska interaktioner på deras plattformar, som att kommentera deras inlägg eller dela deras innehåll, innan du erbjuder dem ett partnerskap.

3. **Skapande av samarbetsinnehåll:**

o   **Strategi:** Arbeta med influencers för att skapa innehåll som känns naturligt och autentiskt för deras vanliga stil. Innehållet ska ge värde till sin publik samtidigt som det lyfter fram ditt varumärke på ett subtilt sätt.

4. **Riktade kampanjer baserade på evenemang eller lanseringar:**

o   **Strategi:** Använd influencer marketing för specifika kampanjer, som en ny produktlansering eller speciell händelse. Influencers kan skapa buzz runt evenemanget och uppmärksamma ditt varumärke.

5. **Användning av kampanjkoder och spårningslänkar:**

o   **Strategi:** Ge influencers exklusiva kampanjkoder eller spårningslänkar. Detta hjälper inte bara att mäta kampanjens effektivitet, utan ger också ett påtagligt incitament för sin publik att engagera sig i ditt varumärke.

6. **Engagemang för flera plattformar:**

o   **Strategi:** Involvera influencers på flera plattformar (Instagram, YouTube, TikTok, etc.) för att maximera räckvidden. Anpassa innehållet till varje plattform för bättre resonans med målgruppen.

7. **Prestandaanalys och mätning:**

o   **Strategi:** Använd analysverktyg

för att spåra resultatet av influencer-marknadsföringskampanjer. Mät engagemang, räckvidd, genererad trafik och omvandlingar för att bedöma ROI och justera framtida strategier.

8. **Influencer Marketing och CSR (Corporate Social Responsibility):**

o **Strategi:** Integrera CSR-initiativ i dina influencer-marknadsföringskampanjer. Samarbeta med influencers i projekt som lyfter fram ditt varumärkes hållbarhets- eller sociala ansvarsarbete.

9. **Berättelser och berättelser:**

o **Strategi:** Uppmuntra influencers att berätta övertygande historier kring ditt varumärke. Berättande kan skapa en djupare känslomässig kontakt med publiken.

10. **Innovation och trender:**

o **Strategi:** Håll koll på de senaste trenderna inom influencer-marknadsföring, som att använda virtuella influencers eller utnyttja nya funktioner för sociala medier, för att hålla dina kampanjer fräscha och engagerande.

Genom att implementera dessa strategier kan företag dra full nytta av influencer marketing för att öka medvetenheten, engagera sin målgrupp och öka konverteringarna.

SEO-strategimallar

Sökmotoroptimering (SEO) är en avgörande del av digital marknadsföring, som hjälper webbplatser att förbättra sin synlighet och ranking i sökmotorer. Här är några SEO-strategimallar du kan använda för att optimera din onlinenärvaro.

1. **On-Page Optimering:**

   o **Strategi:** Fokusera på att optimera enskilda delar av din webbplats, såsom titlar, metabeskrivningar, kvalitetsinnehåll och strategisk användning av sökord. Se till att varje sida är optimerad för specifika, relevanta sökord.

2. **Teknisk optimering:**

   o **Strategi:** Förbättra de tekniska aspekterna av din webbplats för att göra den mer tillgänglig för sökmotorer. Detta inkluderar att förbättra webbplatsens hastighet, skapa en XML-webbplatskartafil, optimera webbadresser och se till att din webbplats är mobilvänlig.

3. **Skapande av kvalitetsinnehåll:**

   o **Strategi:** Utveckla informativt, relevant innehåll av hög kvalitet som tillgodoser din målgrupps behov och frågor. Använd en mängd olika format som blogginlägg, videor, infografik och fallstudier.

4. Länkbygge:

o **Strategi:** Fokusera på att skaffa kvalitetsbakåtlänkar från auktoritativa webbplatser. Använd tekniker som att gästblogga, samarbeta med andra webbplatser och skapa delbart innehåll som naturligt lockar till sig länkar.

5. Lokal SEO:

o **Strategi:** Om du har ett fysiskt företag eller lokal publik, optimera din närvaro online för lokala sökningar. Detta inkluderar att skapa en Google My Business-sida, optimera för lokala sökord och samla in kundrecensioner.

6. Konkurrensanalys:

o **Strategi:** Analysera dina konkurrenters SEO-strategier för att identifiera möjligheter och luckor i din egen strategi. Använd verktyg för att analysera sökorden de rankas för, bakåtlänkarna de har förvärvat och deras innehållsprestanda.

7. Optimering för röstsökning:

o **Strategi:** Optimera ditt innehåll för röstsökning genom att använda naturligt språk och nyckelfraser i form av frågor. Fokusera på långa frågor och direkta svar på vanliga frågor.

8. Prestandaövervakning och analys:

o **Strategi:** Använd verktyg som Google Analytics och Google Search

Console för att spåra din webbplats prestanda. Analysera mätvärden som organisk trafik, avvisningsfrekvens och rankningspositioner för att justera din SEO-strategi.

9. **Mobil SEO:**

o   **Strategi:** Se till att din webbplats är helt optimerad för mobila enheter. Detta inkluderar responsiv design, snabba laddningstider och en smidig mobil användarupplevelse.

10. **Användning av strukturerad data:**

o   **Strategi:** Implementera strukturerad data (schemamarkering) för att hjälpa sökmotorer att bättre förstå innehållet på din webbplats. Detta kan förbättra hur dina sidor visas i sökresultat med avancerade utdrag.

Genom att implementera dessa SEO-strategier kan du avsevärt förbättra synligheten för din webbplats i sökmotorer, attrahera mer kvalificerad trafik och i slutändan öka din omvandlingsfrekvens.

Strategier för hållbar utveckling

Hållbarhet har blivit en avgörande del av affärsstrategin, inte bara för dess positiva bidrag till miljön och samhället, utan också för dess förmåga att skapa långsiktigt värde för företaget. Här är hållbarhetsstrategier som företag kan anta för att integrera ansvarsfull praxis i sin verksamhet.

1. **Miljökonsekvensbedömning:**

o **Strategi:** Genomför en omfattande miljökonsekvensbedömning av din verksamhet. Detta inkluderar analys av energiförbrukning, utsläpp av växthusgaser, vattenanvändning och avfallshantering. Använd dessa data för att identifiera områden för förbättringar.

2. **Minskning av koldioxidavtrycket:**

o **Strategi:** Genomför åtgärder för att minska ditt företags koldioxidavtryck. Detta kan inkludera användning av förnybar energi, förbättra energieffektiviteten i byggnader och processer och minska resandet genom att främja distansarbete eller hållbara affärsresor.

3. **Hållbar resurshantering:**

o **Strategi:** Anta hållbara metoder för resursförvaltning. Det kan handla om att minska förbrukningen av råvaror, återvinna material och använda återvunna eller biologiskt nedbrytbara produkter.

4. **Ansvarig försörjningskedja:**

o **Strategi:** Se till att din leveranskedja är etisk och hållbar. Detta inkluderar att välja leverantörer som följer miljömässiga och sociala standarder, och implementera ansvarsfulla inköpspolicyer.

5. **Engagemang för CSR (Corporate Social Responsibility):**

o   **Strategi:** Utveckla och implementera CSR-initiativ som ligger i linje med ditt företags värderingar. Detta kan inkludera volontärprogram för anställda, donationer till sociala ändamål och partnerskap med ideella organisationer.

6. **Hållbar innovation:**

o   **Strategi:** Uppmuntra hållbar innovation inom ditt företag. Investera i forskning och utveckling av miljövänliga produkter och tjänster, och utforska nya, mer hållbara produktionsmetoder.

7. **Kommunikation och transparens:**

o   **Strategi:** Kommunicera öppet dina hållbarhetsåtaganden och prestationer. Publicera hållbarhetsrapporter och använd dina kommunikationsplattformar för att öka medvetenheten om dina ansträngningar.

8. **Utbildning och medvetenhet för anställda:**

o   **Strategi:** Utbilda och öka medvetenheten bland dina anställda om metoder för hållbar utveckling. Uppmuntra dem att anta miljöansvariga beteenden på jobbet och i deras privata liv.

9. **Integrering av hållbar utveckling i företagskulturen:**

o **Strategi:** Gör hållbarhet till en integrerad del av din företagskultur. Detta kan innefatta att upprätta hållbara interna policyer och uppmuntra ett hållbarhetstänkande på alla nivåer i organisationen.

10. **Samarbete och partnerskap:**

o **Strategi:** Samarbeta med andra företag, regeringar och icke-statliga organisationer för att främja initiativ för hållbar utveckling. Partnerskap kan hjälpa till att dela kunskap, resurser och uppnå större genomslag.

Genom att anta dessa hållbarhetsstrategier kan företag inte bara bidra positivt till miljön och samhället, utan också stärka sitt varumärke, förbättra sin konkurrenskraft och säkerställa sin långsiktiga livskraft.

Kundanpassningsstrategier

Kundanpassning är en nyckelstrategi för att förbättra kundupplevelsen, öka lojalitet och driva försäljning. Här är strategier för kundanpassning som företag kan använda för att leverera mer riktade och relevanta upplevelser.

1. **Insamling och analys av kunddata:**

o **Strategi:** Använd dataanalysverktyg för att samla in information om kunders preferenser, köpbeteende och tidigare interaktioner. Analysera dessa data för att förstå dina kunders specifika behov och intressen.

2. **Målgruppssegmentering:**

o **Strategi:** Dela upp din kundbas i segment baserat på kriterier som ålder, kön, geografisk plats, köpbeteende och intressen. Detta gör att du kan skapa mer riktade och relevanta marknadsföringsbudskap.

3. **Innehållsanpassning:**

o **Strategi:** Skapa personligt innehåll som resonerar med olika kundsegment. Detta kan inkludera personliga e-postmeddelanden, produktrekommendationer på din webbplats och inlägg på sociala medier som är skräddarsydda för användarnas intressen.

4. **Personlig användarupplevelse på webbplatsen:**

o **Strategi:** Använd teknik för att skräddarsy upplevelsen på din webbplats baserat på besökarnas preferenser och beteende. Detta kan inkludera att visa specifika produkter eller erbjudanden och anpassa webbplatsnavigeringen.

5. **Riktad e-postmarknadsföring:**

o **Strategi:** Skicka personligt anpassade

e-postmeddelanden baserat på kundens åtgärder och preferenser. Använd verktyg för marknadsföringsautomatisering för att skicka relevanta meddelanden vid rätt tidpunkt, som e-postmeddelanden med övergivna kundvagnar eller födelsedagserbjudanden.

6. **Personliga erbjudanden och kampanjer:**

o **Strategi:** Skapa erbjudanden och kampanjer som är anpassade för specifika kundsegment. Detta kan inkludera rabatter på produkter de har sett eller erbjudanden baserat på deras tidigare köp.

7. **Chatbots och personlig hjälp:**

o **Strategi:** Använd chatbots och virtuella assistenter för att erbjuda personlig hjälp. Chatbots kan svara på kundfrågor, rekommendera produkter och ge skräddarsydd support.

8. **Feedback och lyssna på kunder:**

o **Strategi:** Samla in regelbunden feedback från dina kunder och använd denna information för att förbättra anpassningen. Enkäter, kommentarer på sociala medier och kundrecensioner är värdefulla informationskällor.

9. **Användning av artificiell intelligens:**

o **Strategi:** Implementera AI-lösningar för att analysera kunddata i stor skala och generera insikter för personalisering. AI kan hjälpa till att identifiera trender och mönster i kundbeteende.

10. **Konsekventa flerkanalsupplevelser:**

o   **Strategi:** Säkerställ en konsekvent upplevelse i alla kanaler – online och offline. Personalisering bör integreras i webbplatsen, mobilapplikationer, interaktioner i butik och marknadsföringskampanjer.

Genom att anta dessa kundanpassningsstrategier kan företag skapa mer engagerande och relevanta upplevelser för sina kunder, vilket kan leda till ökad kundnöjdhet, lojalitet och försäljning.

Programmatiska reklamstrategier

Programmatisk annonsering använder automatiska plattformar för att köpa och sälja annonsutrymme online, vilket gör det möjligt för annonsörer att rikta in sig på sin publik mer exakt och effektivt. Här är viktiga strategier för att optimera dina programmatiska reklamkampanjer.

1. **Förståelse av programmatiska plattformar:**

o   **Strategi:** Bekanta dig med olika programmatiska plattformar, inklusive DSP:er (Demand-Side Platforms), SSP:er (Supply-Side Platforms) och annonsbörser. Att förstå hur dessa plattformar fungerar är viktigt för att optimera dina kampanjer.

2. **Exakt målgruppsinriktning:**

o   **Strategi:** Använd demografisk, beteendemässig och kontextuell data för att rikta in din målgrupp exakt. Inriktning kan omfatta ålder, kön, intressen, surfbeteende och geografisk plats.

3. **Realtidsoptimering:**

o   **Strategi:** Dra fördel av programmatisk annonserings förmåga att optimera kampanjer i realtid. Använd dataanalys för att justera din budgivning, inriktning och annonsmaterial baserat på resultatet.

4. **Användning av Data Management Platform (DMP):**

o   **Strategi:** Integrera en DMP för att centralisera och hantera din publikdata. Detta gör att du kan skapa mer exakta målgruppssegment och förbättra inriktningen av dina kampanjer.

5. **Dynamisk kreativitet:**

o   **Strategi:** Använd dynamiska annonser för att anpassa annonsinnehåll baserat på användaren. Detta kan inkludera ändring av bilder, meddelanden och uppmaningar baserat på användardata.

6. **Multiplattformsintegration:**

o   **Strategi:** Se till att dina programmatiska kampanjer är integrerade på flera plattformar och enheter. Detta inkluderar stationära, mobila, surfplattor och till och med anslutna TV-plattformar.

7. **Respekt för konfidentialitet och efterlevnad:**

o   **Strategi:** Var medveten om lagar och regler för datasekretess, som GDPR. Se till att dina rutiner för datainsamling och användning är kompatibla.

8. **Analys och rapportering:**

o   **Strategi:** Använd analysverktyg för att spåra dina kampanjresultat. Analysera mätvärden som CTR (Click-Through Rate), konverteringsfrekvens och ROI för att utvärdera effektiviteten av dina kampanjer.

9. **A/B-testning och experiment:**

o   **Strategi:** Genomför A/B-tester på olika delar av dina kampanjer, som grafik, annonstext och uppmaningar, för att avgöra vad som resonerar bäst hos din målgrupp.

10. **Strategiska partnerskap:**

o   **Strategi:** Etablera strategiska partnerskap med utgivare eller annonsnätverk för att få tillgång till högkvalitativt annonsutrymme och specifika målgrupper.

Genom att implementera dessa strategier kan annonsörer maximera effektiviteten av sina programmatiska reklamkampanjer, nå sina målgrupper mer exakt och förbättra avkastningen på sin annonsering.

Exempel på mobila marknadsföringsstrategier och applikationer

Mobil marknadsföring och appar är kraftfulla verktyg för att nå och engagera kunder i en allt mer uppkopplad värld. Här är verkliga exempel på mobil- och appmarknadsföringsstrategier som företag kan använda för att förbättra engagemanget och öka försäljningen.

1. **Optimering för mobila enheter:**

   o **Exempel:** En klädbutik online optimerar sin webbplats för mobila enheter, vilket säkerställer smidig navigering, snabba laddningstider och en enkel shoppingupplevelse på smartphones och surfplattor.

2. **Dedikerad mobilapplikation:**

   o **Exempel:** En stormarknad utvecklar en mobilapp som låter kunder handla online, få aviseringar om specialerbjudanden och skanna produkter i butik för ytterligare information.

3. **Marknadsföring via SMS och MMS:**

   o **Exempel:** En frisörsalong skickar mötespåminnelser via SMS och kampanjerbjudanden via MMS till sina kunder, vilket ökar retentionen och svarsfrekvensen.

4. **Riktad mobilannonsering:**

o   **Exempel:** En restaurang använder riktade mobilannonser på plattformar som Google och Facebook för att nå lokala kunder med specialerbjudanden och dagliga menyer.

5. **Augmented Reality (AR)-kampanjer:**

o   **Exempel:** Ett kosmetikavarumärke skapar en AR-kampanj i sin app, vilket gör att användare kan praktiskt taget prova olika sminkprodukter innan de köper.

6. **Lojalitetsprogram i appen:**

o   **Exempel:** En kaffekedja erbjuder ett lojalitetsprogram i sin app, där kunder kan tjäna poäng och få belöningar för varje köp som görs via appen.

7. **Personliga push-meddelanden:**

o   **Exempel:** En träningsapp skickar personliga push-meddelanden för att uppmuntra användare att uppnå sina dagliga hälso- och träningsmål.

8. **Integration av sociala medier:**

o   **Exempel:** En reseapp innehåller funktioner för delning av sociala medier, så att användare enkelt kan dela sina reseupplevelser och resplaner med sina vänner.

9. **Användning av artificiell intelligens (AI):**

o **Exempel:** En kundtjänstapplikation använder AI för att erbjuda en interaktiv chatbot som svarar på kundfrågor och ger hjälp i realtid.

10. **Mobila influencer-marknadsföringsstrategier:**

o **Exempel:** Ett modemärke samarbetar med influencers på Instagram för att marknadsföra sin mobilapp, genom att använda sponsrade inlägg och berättelser för att locka användare till appen.

Genom att implementera dessa strategier kan företag dra full nytta av de möjligheter som mobil- och appmarknadsföring erbjuder för att nå sin målgrupp, förbättra kundernas engagemang och öka försäljningen.

Strategier för Customer Relationship Management (CRM).

Customer Relationship Management (CRM) är avgörande för att utveckla och upprätthålla starka relationer med kunder. Här är effektiva CRM-strategier som företag kan använda för att förbättra kundernas engagemang, retention och försäljningstillväxt.

1. **Centralisering av kunddata:**

o **Strategi:** Använd ett CRM-system för att centralisera all kundinformation, inklusive tidigare interaktioner, preferenser, inköpsdata och feedback. Detta ger en fullständig bild av kunden för personlig service.

2. **Kundsegmentering:**

o   **Strategi:** Segmentera din kundbas i CRM utifrån olika kriterier som köpbeteende, preferenser, plats och inkomstnivå. Segmentering hjälper till att rikta kommunikation och erbjudanden mer effektivt.

3. **Automatisering av försäljnings- och marknadsföringsprocesser:**

o   **Strategi:** Automatisera repetitiva processer som uppföljande e-postmeddelanden, förnyelsemeddelanden och marknadsföringskampanjer. Automatisering sparar tid och säkerställer konsekvent kommunikation.

4. **Personalisering av kommunikation:**

o   **Strategi:** Använd CRM-data för att anpassa din interaktion med kunder. Personliga e-postmeddelanden, produktrekommendationer och specialerbjudanden kan öka kundernas engagemang och tillfredsställelse.

5. **Övervakning och analys av kundinteraktioner:**

o   **Strategi:** Spåra och analysera alla kundinteraktioner genom CRM för att förstå deras behov och beteenden. Använd dessa insikter för att förbättra produkter, tjänster och kundupplevelser.

6. **Hantering av kundfeedback:**

o   **Strategi:** Använd CRM för att samla in och hantera kundfeedback. Svara aktivt på kommentarer och använd feedback för att förbättra produkter och tjänster.

7. **Integration av kommunikationskanaler:**

o   **Strategi:** Integrera olika kommunikationskanaler som e-post, sociala medier, telefonsamtal och livechatt i ditt CRM. Detta säkerställer en konsekvent och integrerad kundupplevelse.

8. **Utbildning och medvetenhet för anställda:**

o   **Strategi:** Träna dina anställda i effektiv användning av CRM. Se till att de förstår vikten av att korrekt fånga data och använda insikter för att förbättra kundinteraktionen.

9. **Utveckling av lojalitetsprogram:**

o   **Strategi:** Använd CRM för att utveckla och hantera lojalitetsprogram. Erbjud belöningar och förmåner baserat på kundens köphistorik och engagemang för att uppmuntra lojalitet.

10. **Försäljningsprognoser och analys:**

o   **Strategi:** Använd CRM-data och analysverktyg för att förutsäga försäljningstrender och justera strategier därefter. Detta kan hjälpa till att identifiera försäljningsmöjligheter och optimera marknadsföringsinsatser.

Genom att anta dessa CRM-strategier kan företag inte bara förbättra sina relationer med kunder utan också öka effektiviteten hos sina sälj- och marknadsföringsteam, vilket leder till en hållbar affärstillväxt.

Exempel på innehållsstrategier

En effektiv innehållsstrategi är avgörande för att engagera publiken, bygga varumärkesmedvetenhet och förbättra SEO. Här är verkliga exempel på innehållsstrategier som företag kan använda för att uppnå sina marknadsföringsmål.

1. **Bloggar och artikelartiklar:**
   o **Exempel:** Ett teknikföretag skapar en regelbundet uppdaterad blogg med djupgående artiklar om de senaste tekniktrenderna, handledningar och fallstudier. Detta etablerar varumärket som en auktoritet inom sitt område och förbättrar dess SEO.

2. **Utbildnings- och demonstrationsvideor:**
   o **Exempel:** Ett matlagningsvarumärke producerar receptvideor och produktdemonstrationer, delas på

222

YouTube och bäddas in på sin webbplats. Dessa videor hjälper till att visuellt engagera publiken och visa produkter i aktion.

3. **Infografik och visuellt innehåll:**

o   **Exempel:** En resebyrå skapar engagerande infografik om populära resmål, erbjuder resetips och intressanta fakta. Dessa infographics delas på sociala medier för att öka engagemanget och räckvidden.

4. **Podcaster och intervjuer:**

o   **Exempel:** Ett konsultföretag lanserar en podcast där det intervjuar tankeledare och branschexperter. Detta låter dig dela värdefulla insikter samtidigt som du ökar varumärkets synlighet.

5. **Fallstudier   och kundrekommendationer:**

o   **Exempel:** Ett mjukvaruföretag publicerar detaljerade fallstudier och vittnesmål från nöjda kunder på sin webbplats, som visar effektiviteten hos sina produkter och skapar förtroende hos potentiella kunder.

6. **E-böcker och guider:**

o   **Exempel:** Ett fitnessföretag erbjuder gratis kost- och tränings-e-böcker i utbyte mot besökarnas e-postadresser, vilket ger energi till dess e-postmarknadsföringsstrategi.

7. **Interaktivt innehåll:**

o **Exempel:** En privatekonomiwebbplats skapar interaktiva miniräknare och frågesporter för att hjälpa användare att hantera sin budget och investeringar, vilket ökar engagemanget och den tid som spenderas på webbplatsen.

8. **Gästbloggarartiklar:**

o **Exempel:** En marknadsföringskonsult skriver gästinlägg för populära branschbloggar, delar med sig av sin expertis och leder trafik till sin personliga webbplats.

9. **Personliga nyhetsbrev:**

o **Exempel:** En webbutik skickar personliga nyhetsbrev med produktrekommendationer baserat på kundernas preferenser och köphistorik.

10. **Säsongsbetonat och tematiskt innehåll:**

o **Exempel:** Ett klädmärke skapar och delar innehåll med tema kring helgdagar och årstider, som sommarstilsguider eller julklappsidéer.

Genom att implementera dessa innehållsstrategier kan företag inte bara attrahera och behålla uppmärksamheten från sin målgrupp, utan också stärka sin marknadspositionering och förbättra sin onlineprestanda.

Framtida trender och prognoser

Evolution av digital marknadsföring

1. **Introduktion:**

   o   Digital marknadsföring har genomgått en snabb utveckling under de senaste decennierna, påverkad av tekniska framsteg, förändringar i konsumentbeteenden och framväxten av nya kommunikationskanaler. Det här avsnittet utforskar aktuella trender och prognoser framtiden för digital marknadsföring.

2. **Integration av artificiell intelligens:**

   o   AI förändrar digital marknadsföring genom att möjliggöra djupare personalisering, prediktiv analys av konsumenttrender och automatisering av marknadsföringsuppgifter. Chatbots, personliga rekommendationer och realtidskampanjoptimering är exempel på tillämpningen av AI.

3. **Ökad dataanvändning:**

   o   Data spelar en central roll i modern digital marknadsföring. Big data-analys tillåter företag att bättre förstå sina kunder och optimera sina marknadsföringsstrategier för effektivare resultat.

4. Omnikanalsmarknadsföring:

o   Omnikanalmetoden, som ger en konsekvent kundupplevelse över flera plattformar och kontaktpunkter, håller på att bli normen. Denna strategi möjliggör sömlös interaktion med kunder, oavsett om de är online, på mobilen eller i butik.

5. Augmented Reality och Virtual Reality:

o   AR och VR erbjuder uppslukande och interaktiva upplevelser, vilket öppnar nya vägar för digital marknadsföring. Varumärken kan använda dessa tekniker för virtuella produktprövningar, uppslukande varumärkesupplevelser och interaktiva annonser.

6. Videomarknadsföring och livestreaming:

o   Videoinnehåll fortsätter att dominera, med en ökning av populariteten för livestreaming. Videor erbjuder ett engagerande sätt att berätta varumärkeshistorier och få kontakt med publiken på en mer personlig basis.

7. Växande betydelse av röst-SEO:

o   Med röstassistenternas växande popularitet blir röst SEO avgörande. Att optimera innehåll för röstsökning kräver ett annat tillvägagångssätt, med fokus på mer konversationsfraser och direkta frågor.

8. **Datasekretess och föreskrifter:**
o   Växande oro kring datasekretess
och regleringar som GDPR påverkar digital
marknadsföring. Företag måste vara
transparenta i insamling och användning
av data samtidigt som användarnas
integritet respekteras.

9. **Utvecklingen av sociala nätverk:**
o   Sociala medieplattformar utvecklas
ständigt, med nya funktioner och
algoritmer. Varumärken måste anpassa
sig snabbt till dessa förändringar för att
upprätthålla engagemang och räckvidd.

10. **Slutsats :**
o   Framtiden för digital marknadsföring
kommer att präglas av ytterligare
integration av avancerad teknologi,
fokus på personlig användarupplevelse
och fortsatt anpassning till de snabba
förändringarna i det digitala landskapet.
Företag som anammar denna utveckling
kommer att vara bättre positionerade för
att lyckas i en allt mer digitaliserad miljö.

Framtiden för elektronisk handel

1. **Introduktion:**
o   E-handeln utvecklas ständigt, driven
av tekniska innovationer, förändringar i
konsumentvanor och växande kunders
förväntningar. Det här avsnittet utforskar

nya trender och förutsägelser för e-handelns framtid.

2. **Avancerad anpassning:**

o Personalisering kommer att bli ännu mer sofistikerad genom användning av artificiell intelligens och maskininlärning. E-handelssajter kommer att kunna erbjuda skräddarsydda shoppingupplevelser, rekommendera produkter baserat på individuella preferenser, köphistorik och surfbeteende.

3. **Integration av Augmented Reality:**

o Augmented reality (AR) kommer att förändra online shoppingupplevelsen genom att låta kunderna se produkter i sin egen miljö innan de gör ett köp. Detta kommer att bidra till att minska osäkerheten och öka kundnöjdheten.

4. **Rösthandel och smarta assistenter:**

o Med röstassistenternas växande popularitet kommer rösthandel att bli en viktig väg för onlineshopping. Konsumenter kommer att kunna göra inköp helt enkelt genom att använda sin röst, vilket gör shoppingupplevelsen mer bekväm och tillgänglig.

5. **Förenklade och säkra betalningar:**

o Betalningstekniker kommer att utvecklas för att ge snabbare, säkrare och bekvämare transaktioner. Kontaktlösa betalningar, digitala plånböcker och kryptovalutor kommer att växa i popularitet, vilket ger konsumenterna fler alternativ och bättre säkerhet.

6. **Innovativ logistik och leverans:**

o   Framsteg inom logistik och leverans, såsom drönare och autonoma fordon, kommer att revolutionera sättet att leverera produkter. Leverans samma dag eller till och med inom en timme kan bli normen för många onlineåterförsäljare.

7. **Hållbarhet och etisk handel:**

o   Hållbarhet kommer att bli en avgörande aspekt av e-handel. Konsumenter förväntar sig etiska och miljövänliga affärsmetoder, som kommer att driva företag att anta hållbara förpackningar, transparenta leveranskedjor och miljövänliga produkter.

8. **Erfarenhet omnikanal:**

o   Den omnikanaliga shoppingupplevelsen, som ger en konsekvent kundupplevelse över flera kanaler (online, mobil, i butik), kommer att bli avgörande. Teknik som beacons och interaktiva butiksdisplayer kommer att ytterligare integrera onlineupplevelser

o   och offline.

9. **Dataanalys och beslutsfattande:**

o   Dataanalys kommer att spela en ännu

större roll inom e-handel. Insikter från data hjälper företag att fatta välgrundade beslut, optimera verksamheten och förbättra kundupplevelsen.

10. **Slutsats :**

o   Framtiden för e-handel kommer att präglas av fortsatt innovation, ökad personalisering, avancerad teknologiintegration och ett växande engagemang för hållbarhet. Företag som snabbt anpassar sig till dessa förändringar kommer att vara bättre positionerade för att lyckas på en snabbt föränderlig marknad.

Utvecklingen inom artificiell intelligens

1. **Introduktion:**

o   Artificiell intelligens (AI) omdefinierar många branscher, inklusive marknadsföring, e-handel, tillverkning och tjänster. Det här avsnittet utforskar den senaste utvecklingen inom AI och deras potentiella inverkan på olika branscher.

2. **Processautomatisering och optimering:**

o   AI möjliggör automatisering av repetitiva uppgifter och optimering av affärsprocesser. I framtiden kan vi förvänta oss att se AI-system som stöder komplexa funktioner, förbättrar effektiviteten och minskar driftskostnaderna.

3. **Personalisering av marknadsföring och reklam:**

o   AI-tekniker används i allt högre grad för att anpassa marknadsförings-och reklamupplevelser. De hjälper till att analysera konsumentdata i realtid och justera reklambudskap för att rikta in sig på individuella preferenser, vilket förbättrar engagemanget och kampanjens effektivitet.

4. **Prognoser och prediktiv analys:**

o   AI spelar en avgörande roll i prediktiv analys, och hjälper företag att förutse marknadstrender, konsumentbeteenden och potentiella risker. Denna förmåga att förutsäga hjälper företag att fatta proaktiva och strategiska beslut.

5. **Förbättrad kundupplevelse:**

o   AI används för att förbättra kundupplevelsen genom intelligenta chatbots, virtuella assistenter och personliga rekommendationer. Dessa teknologier ger snabb och personlig kundservice, vilket ökar kundnöjdheten och lojalitet.

6. **Utveckling inom maskininlärning:**

o   Maskininlärning, en gren av AI, fortsätter att utvecklas, vilket gör att maskiner kan lära sig och anpassa sig utan att vara explicit programmerade. Detta öppnar möjligheter för mer intuitiva och intelligenta applikationer inom olika områden.

7. **Inverkan på beslutsfattande:**

o   AI ger djupa insikter och dataanalyser som hjälper ledare att fatta mer välgrundade beslut. I framtiden kan AI spela en större roll i strategiskt beslutsfattande inom organisationer.

8. **Säkerhet och konfidentialitet:**

o   Med den ökade användningen av AI blir frågor om datasäkerhet och integritet av största vikt. Framtida utveckling inom AI kommer att behöva ta itu med dessa problem, säkerställa dataskydd och regelefterlevnad.

9. **Intersektoriell integration:**

o   AI hittar tillämpningar inom ett växande antal sektorer, från hälsovård till finans, utbildning och transport. Denna tvärsektoriella integration av AI kommer att driva innovation och skapa nya affärsmöjligheter.

10. **Slutsats:**

o   Utvecklingen inom AI lovar att radikalt förändra näringslivets och samhällets landskap. Företag som tar till sig och integrerar dessa tekniker kommer att vara bättre rustade att möta framtida utmaningar och ta vara på nya möjligheter i en värld som allt mer drivs av data och artificiell intelligens.

Trender inom sociala medier

1. **Introduktion:**
o   Sociala medier fortsätter att utvecklas i snabb takt, vilket avsevärt påverkar hur varumärken interagerar med sin publik. Det här avsnittet utforskar nuvarande och framtida trender i sociala medier och deras inverkan på marknadsföring och kommunikation.

2. **Ökat videoengagemang:**
o   Videor, särskilt korta format och berättelser, blir allt populärare på sociala plattformar. Varumärken använder allt oftare videoinnehåll för att engagera sin publik på kreativa och dynamiska sätt.

3. **Rise of Micro-influencers:**
o   Mikroinfluencers, med sin mindre men mycket engagerade publik, håller på att bli ett föredraget val för varumärken. De erbjuder högre autenticitet och nivå av förtroende jämfört med influencers med stor publik.

4. **Social handel och integrerade inköp:**

o   Sociala medieplattformar integrerar allt mer e-handelsfunktioner, vilket gör att användare kan köpa produkter direkt genom inlägg och berättelser. Denna trend förändrar hur konsumenter upptäcker och köper produkter.

5. **Användning av Augmented Reality:**

o   Augmented reality (AR) på sociala medier, särskilt genom filter och interaktiva upplevelser, erbjuder nya möjligheter för varumärken att skapa uppslukande och minnesvärda upplevelser för användarna.

6. **Ökad vikt av äkthet:**

o   Konsumenter letar efter äkthet i de varumärken de följer på sociala medier. Innehåll som återspeglar verkliga historier, varumärkesvärden och ökad transparens ökar i popularitet.

7. **Engagemang genom användargenererat innehåll:**

o   Användargenererat innehåll (UGC) fortsätter att vara ett kraftfullt verktyg för varumärken på sociala medier. Att uppmuntra kunder att dela sitt eget innehåll skapar engagemang och förtroende.

8. **Fokus på socialt ansvar:**

o   Varumärken använder sociala medier för att lyfta fram sitt engagemang för sociala och miljömässiga ändamål. Denna trend återspeglar en växande medvetenhet om företagens sociala ansvar.

9. **Algoritmernas utveckling:**

o Ständiga förändringar i sociala plattformsalgoritmer kräver att varumärken anpassar sig snabbt för att bibehålla synlighet och engagemang. Att förstå och anpassa sig till dessa algoritmer är avgörande för framgång.

10. **Integration av Chatbots och AI:**

o Att integrera chatbots och artificiell intelligens för kundservice och personligt engagemang blir allt vanligare. Dessa teknologier möjliggör snabb och personlig interaktion i stor skala.

11. **Slutsats:**

o Aktuella trender inom sociala medier indikerar en förändring mot mer interaktivitet, autenticitet och teknisk integration. Varumärken som anpassar sig till dessa trender och införlivar dem i sina sociala mediestrategier kommer att vara bättre positionerade för att engagera sin publik och bygga upp sin onlinenärvaro.

Programmatisk reklams framtid

1. **Introduktion:**

o Programmatisk reklam, som använder algoritmer och automatiserad teknik för att köpa och sälja reklamutrymme, förändrar det digitala reklamlandskapet. Det här avsnittet utforskar framtida trender och förväntad utveckling inom detta område.

2. **Ökad integration av AI och maskininlärning:**

o   Artificiell intelligens (AI) och maskininlärning kommer att spela en allt mer central roll i programmatisk reklam. Dessa tekniker kommer att möjliggöra mer exakt optimering av kampanjer, bättre inriktning på målgrupper och realtidsanalys av annonsresultat.

3. **Omnikanalsannonsering:**

o   Programmatisk reklam kommer att expandera bortom traditionella digitala plattformar till att omfatta uppkopplad TV, digitala skyltar och andra kanaler. Denna omnikanalstrategi kommer att ge annonsörer bredare räckvidd och ökad konsekvens i sina annonskampanjer.

4. **Datatransparens och konfidentialitet:**

o   Med ökad oro för datasekretess kommer transparens att bli en avgörande aspekt av programmatisk annonsering. Annonsörer och plattformar kommer att behöva säkerställa skyddet av användardata samtidigt som transparensen i inriktnings- och mätprocesser bibehålls.

5. Ökad automatisering och effektivitet:

o   Automatiseringen av programmatisk annonsering kommer att förbättras, vilket gör det möjligt för annonsörer att lansera och hantera kampanjer mer effektivt. Detta inkluderar automatisering av innehållsskapande, köp av annonsutrymme och kampanjoptimering.

6. Storskalig anpassning:

o   Möjligheten att personifiera reklambudskap i stor skala kommer att stärkas. Annonsörer kommer att kunna skapa mycket personliga annonser som resonerar med specifika målgruppssegment, vilket förbättrar engagemanget och relevansen.

7. Effekten av 5G och ny teknik:

o   Ankomsten av 5G och andra avancerade teknologier kommer att öppna upp nya möjligheter för programmatisk annonsering, särskilt när det gäller annonsladdningshastighet, annonsformatskvalitet och interaktiva upplevelser.

8. Utvecklingen av annonsformat:

o   Annonsformaten kommer att fortsätta att utvecklas, med en ökning av uppslukande och interaktiva annonser, som förstärkt verklighet och virtuell verklighet, vilket ger användarna mer engagerande upplevelser.

9. **Regulatoriska utmaningar och möjligheter:**

o   Förändringar i reglering, såsom dataskyddslagar, kommer att innebära både utmaningar och möjligheter för programmatisk annonsering. Marknadsaktörer kommer att behöva anpassa sig till dessa förändringar samtidigt som de utnyttjar nya möjligheter till innovation.

10. **Slutsats :**

o   Framtiden för programmatisk annonsering är ljus, med tekniska framsteg som kommer att fortsätta att förändra hur annonser riktas, levereras och mäts. Företag som anammar dessa förändringar och anpassar sig snabbt kommer att vara bättre positionerade för att dra fördel av de möjligheter som denna snabba utveckling på reklammarknaden erbjuder.

Innovationer inom UX/UI-design

1. **Introduktion:**

o   UX/UI-design är ett ständigt utvecklande område, format av tekniska framsteg och förändringar i användarbeteenden. Det här avsnittet utforskar nuvarande och framtida innovationer inom UX/UI-design och deras inverkan på skapandet av digitala produkter.

2. **Användarcentrerad design:**

o   Det användarcentrerade tillvägagångssättet kommer att förbli kärnan i UX/UI-design. Designers kommer att fortsätta att skapa intuitiva gränssnitt och användarupplevelser baserat på en djup förståelse av användarnas behov, önskemål och beteenden.

3. **Integration av AI och maskininlärning:**

o   Artificiell intelligens och maskininlärning kommer att förändra UX/UI-design genom att möjliggöra mer intelligenta och adaptiva gränssnitt. Dessa tekniker kommer att möjliggöra skapandet av personliga upplevelser i realtid, baserat på användarinteraktioner och preferenser.

4. **Design för vikbara och flexibla skärmar:**

o   Med framväxten av vikbara och flexibla skärmar kommer UX/UI-designers att behöva förnya sig för att skapa flytande och konsekventa upplevelser på dessa nya format. Detta inkluderar design av gränssnitt som dynamiskt anpassar sig till olika skärmkonfigurationer.

5. **Augmented Reality och Virtual Reality:**

o AR och VR kommer att ge nya möjligheter för UX/UI-design. Designers kommer att utforska sätt att skapa uppslukande och interaktiva upplevelser genom att integrera verkliga element med berikad digital information.

6. **Röstdesign och konversationsgränssnitt:**

o Utformningen av röst- och samtalsgränssnitt kommer att öka i betydelse. UX/UI-designers kommer att arbeta med användarupplevelser där röst och naturlig dialog spelar en central roll, särskilt i applikationer för röstassistenter och chatbots.

7. **Tillgänglighet och inkludering:**

o Tillgänglighet och inkludering kommer att förbli viktiga aspekter av UX/UI-design. Designers kommer att sträva efter att skapa digitala produkter som är tillgängliga för alla, med hänsyn till användarnas olika förmågor och behov.

8. **Mikrointeraktioner och animationer:**

o Mikrointeraktioner och sofistikerade animationer kommer att fortsätta att berika användarupplevelsen. Dessa subtila men kraftfulla element förbättrar engagemanget och hjälper användarna genom gränssnitten på ett intuitivt sätt.

9. **Etisk och ansvarsfull design:**

o   Etisk och ansvarsfull design kommer
att bli ett allt viktigare ämne. UX/UI-
designers kommer att ta hänsyn till de
sociala och miljömässiga effekterna av
sina skapelser, och se till att de främjar
ansvarsfulla och hållbara metoder.

10. Slutsats :

o   Innovationer inom UX/UI-
design kommer att spela en avgörande
roll för att definiera framtiden för
digitala produkter. Genom att ligga i
framkant av tekniktrender och fokusera
på användarnas behov kommer UX/UI-
designers att fortsätta skapa minnesvärda
och meningsfulla upplevelser som formar
vår dagliga interaktion med teknik.

Hållbar utveckling och företagsansvar

1. Introduktion:

o   Hållbarhet och företagsansvar
har blivit väsentliga inslag i modern
affärsstrategi. Det här avsnittet utforskar
hur företag integrerar hållbara metoder
i sin verksamhet och deras inverkan på
samhället och miljön.

2. Integrering av hållbar utveckling i kommersiell verksamhet:

o   Företag tillämpar hållbara metoder i sin
verksamhet, som att använda förnybara
resurser, minska avfallet och förbättra

energieffektiviteten. Dessa metoder är inte bara fördelaktiga för miljön, utan de kan också leda till långsiktiga kostnadsbesparingar.

3. **Corporate Social Responsibility (CSR):**

o   CSR håller på att bli en avgörande aspekt av företagens rykte. Initiativ som stöd till lokala samhällen, program för anställdas välbefinnande och bidrag till sociala ändamål stärker företagets position som en ansvarsfull aktör i samhället.

4. **Transparens-   och hållbarhetsrapportering:**

o   Transparens i hållbarhetspraxis efterfrågas alltmer av konsumenter och intressenter. Företag publicerar detaljerade hållbarhetsrapporter för att visa sitt engagemang för ansvarsfulla affärsmetoder.

5. **Cirkulär ekonomi och hållbara affärsmodeller:**

o   Den cirkulära ekonomin, som syftar till att minimera slöseri och maximera resursanvändningen, växer i popularitet. Företag antar hållbara affärsmodeller som inkluderar återanvändning, återvinning och regenerering av produkter och material.

6. **Hållbar innovation:**

o   Innovation inom hållbara produkter och

tjänster är ett växande område. Företag investerar i forskning och utveckling för att skapa lösningar som hanterar miljöutmaningar samtidigt som de möter konsumenternas behov.

7. **Intressenternas engagemang:**

o   Företag engagerar aktivt intressenter, inklusive kunder, anställda, leverantörer och lokala samhällen, i sina hållbarhetsinitiativ. Denna samarbetsstrategi stärker ansvarstagandet och effekten av hållbarhetsarbetet.

8. **Inverkan på leveranskedjan:**

o   Hållbarhet i försörjningskedjan är avgörande. Företag samarbetar med sina leverantörer för att säkerställa etiska och hållbara metoder från produktion till distribution.

9. **Utmaningar och möjligheter:**

o   Även om integrationen av hållbarhet innebär utmaningar, såsom högre initiala kostnader och behovet av att förändra etablerade processer, erbjuder det också betydande möjligheter när det gäller innovation, marknadsdifferentiering och regelefterlevnad.

10. **Slutsats :**

o   Hållbarhet och företagsansvar kommer att fortsätta att vara nyckelfaktorer för affärsframgång. Genom att anta hållbara metoder kan företag inte bara bidra positivt till samhället och miljön, utan också stärka sin position och konkurrenskraft på marknaden.

Evolution av influencer marketing

1. **Introduktion:**
o   Influencer marketing, som innebär att arbeta med inflytelserika individer för att marknadsföra produkter eller tjänster, har vuxit snabbt. Det här avsnittet undersöker den tidigare utvecklingen och framtida trender för influencer marketing.

2. **Diversifiering av plattformar:**
o   Medan plattformar som Instagram och YouTube fortfarande är populära för influencer-marknadsföring, växer andra framväxande plattformar, som TikTok och Twitch, i betydelse. Varumärken vill utnyttja dessa nya kanaler för att nå olika målgrupper.

3. **Ökning av mikroinfluencers:**
o   Mikroinfluencers, med sin mindre men mycket engagerade publik, blir allt mer populära bland varumärken. Deras autenticitet och närhet till sin publik ger ofta bättre engagemang och högre ROI.

4. **Prestandamätning och ROI:**
o   Fokus ligger på att

noggrant mäta prestanda och avkastning på investeringen i influencer marketing. Varumärken använder avancerade verktyg och teknologier för att spåra engagemanget, räckvidden och effekten av influencer-kampanjer.

5. **Kvalitet och äkthetsinnehåll:**

o   Autenticitet är fortfarande en nyckelfaktor för framgång i influencer marketing. Konsumenter letar efter autentiskt kvalitetsinnehåll snarare än uppenbara reklambudskap. Influencers uppmuntras därför att skapa innehåll som verkligen speglar deras egna röster och stilar.

6. **Långsiktiga relationer:**

o   Varumärken går mot långsiktiga partnerskap med influencers, snarare än enstaka samarbeten. Dessa varaktiga relationer hjälper till att bygga varumärkeskonsistens och ökad publiklojalitet.

7. **Integration av Augmented Reality:**

o   Användningen av förstärkt verklighet i influencer-marknadsföring ökar, vilket ger uppslukande och interaktiva upplevelser. Influencers kan använda AR för att visa upp produkter på ett mer engagerande sätt.

8. **Etik och transparens:**

o   Frågor om etik och transparens blir avgörande. Influencers och varumärken måste i allt högre grad avslöja betalda partnerskap och följa riktlinjerna för annonsering.

9. **Virtuella och AI-influencers:**

o   Framväxten av virtuella influencers, skapade av artificiell intelligens, representerar en ny gräns inom influencer-marknadsföring. Dessa digitala personas kan ge unik varumärkeskontroll och konstant tillgänglighet.

10. **Slutsats:**

o   Influensermarknadsföringens framtid kommer att kännetecknas av en större diversifiering av plattformar, fokus på äkthet och kvalitet på innehåll och användning av avancerad teknik för mätning och engagemang. Varumärken som anpassar sig till denna utveckling kommer att fortsätta att dra nytta av den kraftfulla effekten av influencer marketing.

Nya teknologier

1. **Introduktion:**

o   Framväxande teknologier formar aktivt framtiden för olika sektorer, vilket ger nya möjligheter och utmaningar. Det här avsnittet utforskar viktiga framväxande teknologier och deras potentiella inverkan på företag, samhälle och miljö.

2. **Artificiell intelligens och maskininlärning:**

o AI och maskininlärning fortsätter att utvecklas, vilket ger möjligheter för avancerad dataanalys, processautomatisering och servicepersonalisering. Dessa tekniker förändrar branscher som hälsovård, finans, marknadsföring och tillverkning.

3. **Blockchain och kryptovalutor:**

o Blockchain, utöver kryptovalutor, erbjuder lovande applikationer när det gäller datasäkerhet, transaktionstransparens och decentralisering. Det har potential att revolutionera områden som leveranskedja, elektronisk röstning och upphovsrättshantering.

4. **Internet of Things (IoT):**

o IoT ansluter vardagliga enheter till Internet, vilket möjliggör datainsamling och utbyte. Denna ökade anslutning öppnar möjligheter inom smarta hem och stadsförvaltning, precisionsjordbruk och förutsägande underhåll inom industrin.

5. **Augmented Reality och Virtual Reality:**

o AR och VR ger uppslukande upplevelser

som förändrar hur konsumenter interagerar med produkter och varumärken. De hittar applikationer inom utbildning, underhållning, detaljhandel och fastigheter.

6. **Autonoma fordon och drönare:**

o   Framsteg inom autonoma fordon och drönare lovar att förändra transport och logistik. Dessa teknologier kan minska trafikolyckor, optimera leveransen av varor och revolutionera persontransporter.

7. **3D-utskrift och additiv tillverkning:**

o   3D-utskrift fortsätter att utvecklas, vilket möjliggör snabb, skräddarsydd produktion av delar och produkter. Det har en betydande inverkan inom områden som tillverkning, medicin (proteser, implantat) och konstruktion.

8. **Förnybar energi och grön teknik:**

o   Innovationer inom förnybar energi och grön teknik är avgörande för att möta utmaningarna med klimatförändringarna. De inkluderar utveckling av nya energikällor, hållbara material och miljöansvariga produktionsmetoder.

9. **Bioteknik och personlig medicin:**

o   Framsteg inom bioteknik och personlig medicin erbjuder lovande möjligheter för behandling av komplexa sjukdomar och personalisering av sjukvård, baserad på individuell genetik.

10. **Cybersäkerhet och dataskydd:**

o   Med ökningen av anslutningsmöjligheter och genererad data blir cybersäkerhet ett stort problem. Ny teknik inom detta område syftar till att skydda känslig information och förhindra cyberattacker.

11. **Slutsats:**

o   Ny teknik representerar en enorm potential för att omvandla industrier och förbättra livskvaliteten. Men de tar också upp etiska, regulatoriska och säkerhetsfrågor som måste åtgärdas. Företag och företag som anpassar och integrerar dessa tekniker på ett ansvarsfullt och innovativt sätt kommer att vara bättre förberedda för framtiden.

Prognoser för konsumentbeteende

1. **Introduktion:**

o   Att förstå och förutse konsumentbeteende är avgörande för företag som vill förbli konkurrenskraftiga. Det här avsnittet utforskar förutsägelser om utvecklingen av konsumentbeteenden, påverkad av tekniska, sociala och ekonomiska förändringar.

2. **Ökad ekologisk medvetenhet:**

o   Konsumenter blir allt mer
medvetna om miljöfrågor. En växande
efterfrågan på hållbara, etiska och
miljövänliga produkter förväntas. Företag
måste därför integrera hållbara metoder
i sina erbjudanden för att möta dessa
förväntningar.

3. **Företräde för personliga upplevelser:**

o   Personalisering blir en nyckelfaktor
i köpbeslut. Konsumenter förväntar sig
skräddarsydda upplevelser, oavsett om
det gäller e-handel, marknadsföring eller
kundservice. Företag kommer att behöva
använda data och AI för att leverera
personliga upplevelser.

4. **Ökad användning av digital teknik:**

o   Med den ökande digitaliseringen
kommer konsumenterna att fortsätta
att anamma och anpassa sig till ny
teknik. Detta inkluderar den ökade
användningen av e-handelsplattformar,
mobilapplikationer och röstassistenter för
inköp.

5. **Sök efter äkthet och transparens:**

o   Konsumenter värdesätter autenticitet
och transparens i varumärken. De är mer
benägna att undersöka information om
produkter och företag innan de fattar
köpbeslut och föredrar varumärken som

är ärliga och öppna.

6. **Känslighet för sociala frågor:**

o   Sociala frågor, som jämställdhet, mångfald och inkludering, påverkar i allt högre grad konsumenternas val. Företag kommer att behöva visa sitt engagemang för dessa frågor för att upprätthålla en stark kontakt med sin publik.

7. **Preferens för onlineshopping:**

o   Trenden mot onlineshopping, accelererad av covid-19-pandemin, förväntas fortsätta. Konsumenter värdesätter bekvämligheten, variationen och ofta de bästa priserna som finns tillgängliga online.

8. **Begäran om snabba och effektiva tjänster:**

o   Konsumenter förväntar sig snabba och effektiva tjänster. Snabb leverans, enkel retur och lyhörd kundservice kommer att vara nyckelfaktorer för att vinna och behålla kunder.

9. **Utveckling av betalningsmetoder:**

o   Betalningsmetoderna kommer att fortsätta att utvecklas, med ökad användning av kontaktlösa betalningar, digitala plånböcker och kanske kryptovalutor, vilket ger större bekvämlighet och säkerhet.

10. **Slutsats :**

o Företag måste vara uppmärksamma på dessa förändringar i konsumentbeteende för att anpassa sina strategier därefter. Att förstå och möta föränderliga konsumentförväntningar kommer att vara avgörande för att leverera relevanta och engagerande upplevelser och bibehålla en konkurrensfördel på en ständigt föränderlig marknad.

Vanliga frågor om digital marknadsföring

1. **Vad är digital marknadsföring?**

o Svar: Digital marknadsföring omfattar alla marknadsföringsaktiviteter som använder digitala kanaler för att marknadsföra produkter eller tjänster. Detta inkluderar SEO, innehållsmarknadsföring, sociala medier, e-postmarknadsföring, onlineannonsering och mer.

2. **Hur kan SEO gynna mitt företag?**

o Svar: SEO (Search Engine Optimization) hjälper till att förbättra synligheten för din webbplats på sökmotorer. Detta kan leda till ökad organisk trafik, bättre varumärkesförtroende och i slutändan ökad försäljning och omvandlingar.

3. **Hur viktiga är sociala medier i digital**

marknadsföring?

o   Svar: Sociala medier tillåter företag att nå och engagera en stor publik. De erbjuder unika möjligheter för varumärkesbyggande, riktad annonsering, kundengagemang och att få direkt feedback från konsumenterna.

4. **Vad är skillnaden mellan inkommande och utgående marknadsföring?**

o   Svar: Inbound marketing fokuserar på att skapa kvalitetsinnehåll för att locka kunder till ditt företag, medan utgående marknadsföring involverar mer direkta tillvägagångssätt, som annonser och cold calling, för att få försäljning.

5. **Hur mäter man effektiviteten av en digital marknadsföringskampanj?**

o   Svar: Effektiviteten kan mätas med hjälp av olika mätvärden, såsom webbplatstrafik, konverteringsfrekvens, engagemang i sociala medier, ROI (avkastning på investering) och andra KPI:er (key performance indicators).

6. **Vad är content marketing?**

o   Svar: Innehållsmarknadsföring innebär att skapa och dela informativt och relevant material (som bloggar, videor, infografik) för att attrahera och behålla en målgrupp och i slutändan för att driva kundernas åtgärder.

7. **Vilka är fördelarna med betald onlineannonsering?**

o   Svar: Betald onlineannonsering, som Pay-Per-Click-annonser (PPC), ger omedelbar synlighet, exakt målgruppsinriktning och möjligheten att direkt mäta effektiviteten av dina annonser.

8. **Hur har digital marknadsföring utvecklats med mobilteknik?**

o   Svar: Med den ökade smartphoneanvändningen har mobil marknadsföring blivit avgörande. Detta inkluderar webbplatsoptimering för mobil, mobilappar, SMS-marknadsföring och mobilvänliga innehållsstrategier.

9. **Vad är marketing automation och hur kan det hjälpa mitt företag?**

o   Svar: Marketing Automation använder programvara för att automatisera repetitiva marknadsföringsuppgifter. Detta kan förbättra effektiviteten, minska mänskliga fel och möjliggöra personlig kommunikation i stor skala.

10. **Hur integrerar man hållbar utveckling i digital marknadsföring?**

o   Svar: Att integrera hållbarhet innebär att främja etiska och miljövänliga metoder i dina marknadsföringsstrategier, kommunicera dina hållbarhetsinsatser och anta affärspraxis som stöder socialt och miljömässigt ansvar.

TACK

När jag skrev den här boken har jag haft förmånen att dra nytta av kunskap, erfarenhet och stöd från många exceptionella människor. Det är viktigt för mig att ta en stund för att uttrycka min tacksamhet till alla som har bidragit till slutförandet av detta arbete.

Först och främst vill jag tacka mina kollegor och mentorer inom området digital marknadsföring. Din expertis, insikter och råd har varit en ovärderlig inspirationskälla genom hela detta projekt. Dina bidrag till den digitala marknadsföringsvärlden fortsätter att forma branschen, och ditt inflytande återspeglas på sidorna i den här boken.

Ett särskilt tack till redaktionen och recensenterna för deras hårda arbete, uppmärksamhet på detaljer och engagemang för att upprätthålla högsta kvalitet. Din professionalism och ditt engagemang har avsevärt förbättrat detta manuskript, och jag är djupt tacksam för ditt stöd under hela processen.

Jag vill också uttrycka min tacksamhet till min familj och mina vänner för deras orubbliga stöd, uppmuntran och tålamod. Din förståelse och ditt stöd under de långa timmar som jag ägnat åt att skriva och forska har varit en grundpelare i min motivation och uthållighet.

Ett särskilt tack till den digitala marknadsföringsgemenskapen – utövare, akademiker, studenter och entusiaster – för deras obevekliga nyfikenhet och törst efter att lära sig. Ditt engagemang för spetskompetens och innovation fortsätter att inspirera mitt arbete och tänkande.

Till sist vill jag tacka alla läsare som valde att fördjupa sig i den här boken. Ditt intresse för digital marknadsföring och din vilja att utvecklas professionellt är anledningen till denna bok. Jag hoppas att du på dessa sidor hittar värdefull information, inspirerande idéer och praktiska strategier för att navigera i den dynamiska världen av digital marknadsföring.

Vänliga Hälsningar,
Vincent Lefebvre